L'œil
et
l'esprit

Maurice
Merleau-
Ponty

メルロ＝ポンティ『眼と精神』を読む

モーリス・メルロ＝ポンティ 著

富松保文 訳・注

武蔵野美術大学出版局

もくじ

訳者まえがき …… 5
モーリス・メルロ＝ポンティ『眼と精神』 …… 39
序　クロード・ルフォール
I
II
III
IV
V
補注 …… 201
訳者あとがき …… 259

訳者まえがき

一九六一年五月三日、メルロ゠ポンティが自宅の書斎で心臓発作に襲われたとき、その机の上にはデカルト全集の一冊が開かれていたという。メルロ゠ポンティは二〇世紀前半を代表するフランスの哲学者で、当時まだ五三歳。病に襲われることなく書き上げることができていたならば、おそらく主著となったであろう『見えるものと見えないもの』という著作を執筆のさなかであった。ここに訳出する『眼と精神』は、その死の前年に美術雑誌への寄稿として書かれた小論考で、生前発表された最後の著作となったものである。

最期の書斎の状況が物語るように、そして、これから『眼と精神』を読んでもらえれば一目瞭然のように、この時期、メルロ゠ポンティは集中的にデカルトに取り組んでいた。いや、この時期だけではない。メルロ゠ポンティの思想はその出発点から、デカルト、あるいはデカルト的思考様式との対話と対決によってかたちづくられてきたと言って過言ではないだろう。『眼と精神』ももちろん例外ではない。

メルロ＝ポンティが最初の著作『行動の構造』を出版したのが一九四二年。デカルトの主著『省察』の定版（第二版）が一六四二年だから、この間ちょうど三〇〇年。デカルトとの対話と対決は、それゆえまた、この三〇〇年の歴史との対話と対決でもあり、それは同時に、絵画の歴史で見れば、ルネサンスの古典的遠近法の成立からセザンヌまでの三〇〇年でもあった。『眼と精神』の半分はデカルト的思考様式への批判に当てられているが、残りの半分はセザンヌを中心に近代絵画の考察に当てられている。表題の「眼」と「精神」は、端的に「セザンヌ」と「デカルト」と言い換えられてよいだろう。セザンヌの眼とデカルトの精神。もちろんセザンヌにも精神があるし、デカルトにも眼はある。だが、眼と精神のつながりについての考え方が、二人を隔てる三〇〇年の間で決定的に変わってしまったのだ。いや、まさにいま変わりつつある、そういう時代をメルロ＝ポンティは生きていた。デカルトとは異なった仕方で眼と精神との関係を捉え返さなくてはならない。セザンヌをはじめとする近代絵画は、その再考のためのたんなる手がかりを越えて、デカルト的存在論に代わる新たな存在論を無言のままに提示してさえいる――メルロ＝ポンティはそう見る。

では、なぜ、そしてどんなふうにデカルト的存在論は捉え返されるべきなのか。そして、絵画に見られる新たな存在論とはどういうものなのか。それがこの『眼と精神』という本の主題である。

このまえがきでは、デカルト的思考様式という点に的を絞って、『眼と精神』を読み解いてゆくための前提となる時代的・思想的背景を見ておくことにしよう。デカルトにはじまるその三〇〇年とはどういう時代であり（一）、メルロ＝ポンティ自身はどういう時代に生きていたのか（二）。そして、メルロ＝ポンティが対決しようとしたデカルトの思想とはどういうものであり（三、四）、メルロ＝ポンティはその何を問題として、どういう方向に向けて捉え直そうとしていたのか（五、六）。

一、近代

デカルトにはじまる三〇〇年は、その前後も含めて巨視的に見るならば、ひとまず「近代」という言葉で括ることができるだろう。「近代」という言葉は、対象となる地域によっても分野によってもさまざまに用いられるが、ここでは一番広い意味で一五世紀頃から二〇世紀初頭あたりまでを指すものとして、まずはその特徴となる出来事を駆け足でおさらいしておこう。

出発点は一四五三年。コンスタンティノポリス陥落の年である。四七六年の西ローマ帝国の滅亡を古典古代の終わり、中世のはじまりと位置づけるなら、ちょうどそれから一千年、コンスタンティノポリス（いまのイスタンブール）を中心に生きながらえてきた東ローマ帝国＝ビザンティン帝国がメフメト二世率いるオスマン帝国によって滅ぼされ、中世という時代の幕が閉じる。その一方で、帝国滅亡前夜から加速しはじめたビザンティンからの古典古代の知的遺産の流入がイタリア・ルネサンスの開花を準備する。ブルネレスキがフィレンツェ大聖堂のドームを完成させたのが一四三四年で、翌三五年にはアルベルティが『絵画論』で遠近法の理論化を行う。ダ・ヴィンチが『最後の晩餐』を描いていたのは一四九〇年代。同じ頃、コロンブスがアメリカ大陸を発見し（一四九二年）、まさにその年、イベリア半島に残っていた最後のイスラム王朝がアルハンブラ宮殿を後にしてジブラルタル海峡を渡る。イスラム教が誕生して以来（七世紀）、イベリア半島は長くイスラム勢力とキリスト教勢力が鬩《せめ》ぎ合う地であったが、ついにイスラム勢力がアフリカへの撤退を余儀なくされる。この時を起点に、ヨーロッパ諸国がまたたくまに世界を席巻し、それからほんの五〇年後には日本にも鉄砲とキリスト教がやってきたのは周知のことだろう。

一五〇〇年代に入ると、コルテスとピサロがアステカとインカ帝国を滅ぼして新大陸を植民地化し、同じ頃、ドイツではルターが宗教改革の引き金を引き、長らく続いたカトリック教会の一元的支配に終止符が打たれる。一五四三年にはコペルニクスが地動説を唱え、それはやがて古代以来の地球を宇宙の中心に置いた世界観を根底から覆す道を切り開くことになるのだが、その立役者となったのがケプラー、ガリレイ、デカルト、ニュートンたちであった。他方、政治的には宗教改革がもたらした分裂を機に各地で動乱が相次ぎ、それが地域間・階級間の世俗的利害とも相まって、フランスではユグノー戦争（一五六二～一五九八）において、そしてドイツでは三〇年戦争（一六一八～一六四八）、イギリスではピューリタン革命（一六四一～一六四九）において夥しい数の血が流され、その流血のなかから近代国家が立ち上がってくる。

一六八七年にニュートンが『プリンキピア』（原題を直訳すれば『自然哲学の数学的原理』）を出版した翌年、同じイギリスで名誉革命が起こり、その二年後の一六九〇年にはロックが人権概念の礎となる考え方を『統治二論』において提起する。すなわち、生命・身体・財産は自分のものであり、他の誰かの自由にされてよいものではない。これが人権という思想の根幹である。そんなことは当たり前ではないかと思うならば、それが当たり前のこととして認められもしなければ主張さえされなかった時代の長さを考えてみればいいだろう。自然的事実、生物的本性としてそのような権利が備わっているわけがない。誰かが考え主張しなければ、そして人々がそれに賛同し、あるいは闘いとり守っていくのでなければどんな権利もない。やがてこの思想をもとに、社会の仕組みそのものを根幹から組み替えようという動きが起きてくるだろう。

さらにロックは『人間知性論』で、人格の同一性は自己意識にこそあると主張する。同じ物体、同じ生物、同じ人間。たしかにどれも「同じ」と言うが、そのそれぞれで「同じである」ということの、そのあり方は異なっている。なにゆえに同じなのか、その根拠が異なっている。どう異なるのか。いま私の机の上にあるコップが一年前にデパートの売り場にあったコップと同じであるのは、そのコップを成り立たせている物質が同じだからである。他方、植物や動物の場合、その成長や衰弱が示すように、その個体を成り立たせている成分は刻々に変化していく。にもかかわらずそれが同じ草木であったり動物であったりするのは、個々の物質が同じだからではなく、その物質の集まりが織り成す配列、組織のあり方、体制が同じだからである。では人間の場合はどうなのか。人間も生き物である以上、動植物と同じようにその同一性を体制に基づいて維持している。しかし、それではただ、人間と言ってもたんに身体としての人間にすぎないだろう。いまの私が一〇年前の私と同じ私であるのは、たんに変化を通じて同じ身体を維持しているからではなく、私が自分についてもっているその意識のゆえである。「私」が「私」であるのは身体ではなく意識による。人権という概念が一七世紀から一八世紀にかけて誕生してきたように、「意識」という概念もまた、デカルトからロックにかけて、その同じ時代に生まれてきた新しい概念であった。「意識」については後でもう少し詳しく触れよう。

ニュートンやロックの時代から半世紀後、アメリカはイギリスからの独立を勝ちとり（一七七六年）、フランスは国王ルイ一六世を処刑して（一七九三年）、ともに人権を新国家建設の礎石として高らかに謳い上げた。一八世紀は啓蒙主義の時代と呼ばれる。啓蒙とは、英語で言えばenlightenment、すなわち、光を投げかけること、闇を照らすことである。ニュートンの死にさいして、詩人ポープはこう詠った。

自然とその法則は夜の闇に隠れていた。
ニュートンあれ、と神は言った。するとすべては明るくなった。

言うまでもなく、創世記冒頭における天地創造の最初の言葉、「光あれ、と神は言った」を踏まえた詞句である。光とはまさしく理性の比喩であった。理性は自然の光であり、すべての人に等しく備わっている。すでにデカルトは、「良識〔＝理性〕はこの世でもっとも公平に配分されているものである」と『方法序説』（一六三七年）の冒頭で語っていた。フランス革命のさなか、旧来のキリスト教の神を賛美する儀式に代えて、理性こそがそれにとって代わるものとしてさまざまな理性の祭典が催される。革命からナポレオンによるクーデタ、そして王政復古へと揺れる時代のなかで、フランスのニュートンとも称されたラプラスはその著『天体力学』において、ニュートン力学によっては説明できないかに思えた不規則な現象をも統一的に解明できることを示し、森羅万象が原因と結果の必然的な結びつきによって完全に決定されているという世界観を打ち立てた。すなわち、もしもある時点において自然を動かしているすべての力とすべての事物の状態を完全に知り尽くし、それを分析できるだけの知性をもった存在者（これは後に「ラプラスの魔」と呼び慣わされる）がいるとすれば、その知性的存在者にとって不確かなものは何一つなく、その目には未来も過去もすべて明らかであるだろう、というわけである。その頃、すでにイギリスでは従来の手工業に代わり機械化が進展し産業革命がはじまっていた。生産と消費、労働の仕組みは社会のあり方全体を根本から変えていく。自然や宇宙をどう捉えるのか、国家や社会をどう築くのか、そして人間とは何者なのか。要するに、世界と社会と人間に対する見方が大きく変わったのだ。こうした一連の変動そのものが近代であり、その端緒にデカルトがいる。デカルトという名は、その時代全体の象徴でもある。

二、メルロ＝ポンティとその時代

しかしデカルトから三〇〇年、デカルトたちが切り開き築き上げてきたこの新しい世界観はふたたび大きな変動を被ることになる。一九世紀半ばから二〇世紀前半にかけて、マルクスは資本主義に代わる経済の仕組みと社会と歴史の新しい捉え方を唱え、ダーウィンの進化論はそれまで特別と思われていた人間の地位を失墜させ、アインシュタインの相対性理論は時間と空間がもはや一様でも真っ直ぐでもないことを示し、ボーアやハイゼンベルクの量子力学は、ラプラスが想定したような知性は想定としてさえ存在しえないことを明らかにした。近代国家は二つの世界大戦を惹き起こし、科学と技術との結合は毒ガスと原子爆弾を生み出す。人間の人間たるゆえんはもはや理性でも意識でもないように思われてくる。偶然とは言え、フロイトが『夢判断』を出版したのが一九〇〇年であることは、区切りの年号として象徴的であるだろう。意識ではなく無意識が、理性ではなく本能こそが人間を衝き動かしていることを『夢判断』は教えてくれた。同じ年、パリでは万国博覧会が開催され、その企画展として開かれた「フランス美術一〇〇年展」には印象派の画家たちとともにセザンヌの絵画が出品される。フロイトの理論はまもなくシュルレアリスムの生みの親となり、セザンヌはキュビスムの先達となる。いち早くキュビスムを評価し紹介した詩人アポリネールは第一次世界大戦で頭部に傷を負い、敵するドイツ側では若きクレーが招集されている。『眼と精神』に登場してくる多くの作家たちはまさにこの時代を生き、この時代をつくった人たちであった。

メルロ＝ポンティは一九〇八年、ロシュフォール・シュル・メールというフランス南西部の大西洋に面した軍港町に生まれた。若くして父を失い、母と兄妹と親密な家庭環境の中で育つ。やがてパリに転居し、いくつかの高等中学校（リセ）で学んだ後、一九二六年、フランスのエリート養成機関である高等師範学校に入学。そこでサルトル、ボーヴォワール、ポール・ニザン、レイモン・アロン、レヴィ＝ストロースなど、後に二〇世紀前半の思想界を担っていく俊英たちと知り合う。一九三〇年に大学教授資格試験に合格。高等中学校、高等師範学校の教師を経た後、ナチ占領下でレジスタンス運動に参加。その間に最初の著作となる『行動の構造』を、そして大戦終結の一九四五年に主著『知覚の現象学』を完成する。

『知覚の現象学』の最後の章は「自由」と題され、その末尾はサン＝テグジュペリの『戦う操縦士』からの次のような言葉で締めくくられている。

君の息子は火事のなかで身動きできずにいる。君は彼を助けるのだ……もし邪魔な物があれば、君はこれを取り除くために自分の腕を犠牲にすることもいとわないだろう。君は君の行為そのものに宿っている。君の行為こそ君である……。君は代わりに君を差し出す……。君の意義が眩いばかりに現われ出る。それは君の義務だ、それは君の憎しみだ、それは君の愛だ。それは君の誠実だ、それは君の工夫だ……。人間とは諸関係の結び目にすぎない。諸関係のみが人間にとって重要なのだ。

(『知覚の現象学』中島盛夫訳、法政大学出版局、一九八二年、七六二頁)

ラプラスの魔によって見透される世界に歴史はない。過去も未来もそっくりそのまま現在のなかにある。だが、起こることが完全に決まりきった未来などもはや未来ではないだろうし、現在によって捉え返されるのでないような過去は過去ではないだろう。過去をどう引き受け、どういう未来をもたらそうとするのか、それは行為にかかっており、自由のないところに行為はない。一九三九年、第二次世界大戦がはじまると、すでに三九歳になっていたサン＝テグジュペリは予備大尉として招集され、偵察飛行に従事。崩壊寸前の戦線のなか、ほとんど無意味と思われる偵察飛行を命令のままに繰り返す。『戦う操縦士』はそのときの体験をもとに、その無意味とも思われる些細な行為の集積のなかに《人間》――サン＝テグジュペリはこれをあえて大文字で書く――の文明とその未来が賭されていることを、当時まだ大戦への参戦をためらっていたアメリカの世論を動かすために書かれた（『星の王子さま』は、その翌年、同じく亡命先のアメリカで出版された）。

一九四四年、サン＝テグジュペリはふたたび前線に復帰し、コルシカ島からフランス本土の偵察飛行に向かうが、途中、地中海上で消息を絶った。『知覚の現象学』が出版されたとき、サン＝テグジュペリの死はまだ確認されていない。彼のものと思われるブレスレットがマルセイユ沖で発見されたのは一九八八年のことである。

メルロ＝ポンティは『行動の構造』と『知覚の現象学』によって博士号を得た後、リヨン大学、パリ大学を経て、四四歳にしてフランスの最高学府コレージュ・ド・フランスの教授となる。戦後、それまでイギリス、フランス、ドイツなどの西欧を中心にかたちづくられてきた世界の構図はその軸を大きく東西に移し、アメリカとソ連という二大超大国によるいわゆる冷戦の時代がはじまる。フランスは旧植民地下のインドシナ、そしてアルジェリアの独立をめぐる戦いに敗れ、一九五八年にはド・ゴールによる第五共和制がはじまる。その翌年頃より、メルロ＝ポンティは最初の二著とならび、あるいはそれをも凌ぐ主著となるはずであった『見えるものと見えないもの』の執筆に取りかかるが、一九六一年、心臓発作により急逝。残されたのは、序論から本論はじめとおぼしきあたりまでの、ある程度まとまりのある原稿と、夥しい量の覚書であった。『眼と精神』は、この『見えるものと見えないもの』の執筆のさなか、アンドレ・シャステルの求めに応じて『フランス美術』に寄せられた小論で、生前に発表された最後の論考となった。

三、意識と自然

それでは、メルロ＝ポンティはデカルトのなかに何を見、その何と闘おうとしていたのか。メルロ＝ポンティの最初の著作『行動の構造』の冒頭の一節は、以後の彼の思索全体を貫く問いとして読むことができるだろう。冒頭の一節はこうである。

われわれの目的は、意識と自然との関係を理解することである。

問題は、意識と自然との関係を問い直すことにある。言い換えれば、意識と自然との関係についての考え方が、どこかおかしくなってしまっているのだ。そして、そのおかしくなった出発点にデカルトがいる。逆に言うなら、デカルトはまさに意識と自然との関係について新しい考え方を打ち出したのであり、それゆえにこそ「近代哲学の父」となったとも言えるだろう。それでは、その新しい考え方とはいったいどういうものであったのか。

意外に思われるかもしれないが、デカルト以前には「意識」という言葉はなかった。デカルト自身のなかにすら、意識に当たる言葉がはっきりと使われているのはほんの数箇所でしかない。先に少し触れたように、意識という言葉が定着していくのはロック以降である。意識と自然の新しい関係どころか、意識そのものが新しく誕生してきたのであり、その生みの親がデカルトであったわけである。

ここではデカルトの思想の歩みを詳細に追って行くことはできないが、デカルトの哲学的主著である『省察』をもとに、なぜ、いかにして「意識」なるものが登場してくるのか、その概略を見ておくことにしよう。

『省察』は次の言葉からはじまる。

すでに何年も前に、私はこう気づいていた――まだ年少のころに私は、どれほど多くの偽であるものを、真であるとして受け入れてきたことか、また、その後、私がそれらのうえに築きあげてきたものは、どれもみな、なんと疑わしいものであるか、したがって、もし私が学問においていつか堅固でゆるぎのないものをうちたてようと欲するなら、一生に一度は、すべてを根こそぎくつがえし、最初の土台から新たにはじめなければならない、と。

（『デカルト』世界の名著、中央公論社、一九七八年、二三八頁）

絶対に真なるものなどあるのだろうか。たとえあったとしても、私たち人間にそれを認識できる力がそもそも備わっているのだろうか。私たちに成し得る最善の道は、あらゆる事柄について断定を慎むこと、判断を留保することではないのか……。こうした考え方を「懐疑論」と言い、すでに古代以来あった考え方だが、それが一六世紀後半にふたたび脚光を浴びて一大ブームとなる。ルネサンスにおける古代の再生、そして新大陸の発見とキリスト教の分裂によって、旧来一枚岩と思われてきた真理の基準は揺らぎ、モンテーニュの「Que sais-je《クセジュ》? 私が何を知っていようか」という反語に象徴されるように、確かと言えるものは何一つなくなってしまったように思われた。すべては疑わしい。デカルトはしかし、それを逆手に取るように、そうであるならば、全力ですべてを疑ってみればいい、そうすれば、そこにどうしても疑うことのできないものが見えてこないだろうか、疑うというその営為そのものが、疑いえない何かを前提にしてしまっているのではないか、と問う。もし何か一つでも、そしてそれがどんなに些細なことであっても、それがどんな疑いをも免れているならば、それをもとにすべてを一から築き上げなおす道が開けてくるのではないか。

　かくしてデカルトは、たんに実際に疑わしいものだけでなく、たとえ数学のようにきわめて確かであるように思われるものでさえ、ほんのわずかでも疑いの余地があるものは一切退けるというやりかたで懐疑の道を極端にまで推し進めていく。数学でさえ疑わしい、というのは、たとえば2+3=5であるということも、それをそのように計算するたびごとに私たちを欺いている何かとてつもない力をもった意地の悪い存在がいるとすれば、けっして確かではないからである。2+3は本当は5でないかもしれないし、四角形の辺は四つではないかもしれない。そうした意地の悪い欺く霊がいたとしても、それでもなお、絶対に欺かれえないような何かがはたしてあるだろうか。

ある、とデカルトは言う。

〔…〕いま、だれか知らぬが、きわめて有能で、きわめて狡猾な欺き手がいて、策をこらし、いつも私を欺いている。それでも、彼が私を欺くなら、疑いもなく、やはり私は存在するのである。欺くならば、力の限り欺くがよい。しかし、私がみずからを何ものかであると考えている間は、けっして彼は私を何ものでもないようにすることはできないであろう。

（同上、二四五頁）

ここからデカルトはただちにこう結論する。

このようにして、私はすべてのことを存分に、あますところなく考えつくしたあげく、ついに結論せざるをえない。「私はある、私は存在する」ということの命題は、私がこれをいいあらわすたびごとに、あるいは、精神によってとらえるたびごとに、必然的に真である、と。

（同上、二四五頁）

しかし誤解しないように。ここで確かに存在すると言われている「私」とは、私たちが通常考えているような私、つまり、人間であり、男であったり女であったり、然々《しかじか》の身長と体重を備え、日本人であったりアメリカ人であったりするような私、小さい頃からさまざまな経験を積み、それらを覚えていたり忘れてしまっているような私ではけっしてない。このことは、英語表現に置き換えてみた方が分かりやすいだろう。

I think that I am…

すべてが疑わしいということは、that 以下に入る文章はすべて事実ではないかもしれないということに等しい。すると、that のなかに出てくる I について、それが人間であるとか男であるとか言ってみても所詮はすべて疑わしい。唯一疑いを免れているのは、that のなかではなく冒頭にある think の主語としての I だけであり、この I について言えることは、ただ think の主語であるということだけであり、ただそのかぎりにおいてのみ、つまり「考えるもの」としてのみ存在しているということだけである。唯一絶対に疑いえない命題、つまり、that 以下の内容として唯一疑いを免れているのは、I am もしくは I am thinking、I am a thinking のみである。

要するに、何にでも「〜と思う」とつけてみることを考えてみればいい。どんなことでもいい。どんな主張をし、どんな判断をするにせよ、とにかく最後に「と思う」とつけてしまえば、もう絶対に、誰からも文句を言われる筋合いはない。「あの絵は素晴らしい」と言えば、それにはいろんな反論がありうるだろう。しかし、「あの絵は素晴らしい、と僕は思うよ」と言えば、それはもう仕方ない。ふうん、君はそう思うんだ。僕にはちっともそう思えないけど……。いやしかし、まだ十分ではない。突き詰めて考えれば「あの絵」なるものが本当に存在しているかどうかも疑わしいわけだし、もしかしたらあの絵を素晴らしいと思っているのも自己欺瞞で、自分にそう思い込ませているだけなのかもしれない。だとしたら、絵が存在することも、絵が素晴らしいと思っていることも間違っているかもしれないが、しかし、そう思っている私が存在していることだけは間違いない。たとえ絵など存在していなくても、絵が素晴らしいという思い自体がそれこそ欺く霊に吹き込まれた欺瞞であっても、そしてその「私」が人間でないとしても、そのように吹き込まれている私の存在だけは間違いない。それは絶対に確実である……。

けれども、それはなんと貧弱な真理だろうか。that の中身として確実に言いうることはただ I am (a) thinking というだけのことで、その先の内容についてはなんら保証がないとしたら。I think that I am thinking that……。空虚に二重化された I だけが確かな存在で、that の中身はついに不確かなものでしかない。世界はまるごと不確かなものとして that のなかに括り入れられ、まるでマンガの台詞のように吹き出しのなかに閉じ込められて、風船の口を閉じるように I think できゅっと口を閉じられる。私は風船のなかにいるのでも外にいるのでもない。私とは、風船の皮膜そのものであるかのようだ……。

だがしかし、that の中身として確実なのは、ただ I am a thinking だけで、その他の内容はついぞ不確かにとどまるしかないのか。デカルトはここで、まさに唯一確保されたこの確実性の一点をいわばアルキメデスの点として、世界全体をそっくり私の存在の確かさの上に、そして、私の思いの確かさの上に基礎づけようと試みる。古代最大の科学者アルキメデスはこう言ったという。「我に支点を与えよ。されば地球をも動かさん」と。つまり、梃子《てこ》の原理である。十分な長さの固い棒とそれを支える確たる支点さえあれば、どんな重いものでも軽々と持ち上げることができるだろう。同じように、「我思う」を支点とし、明晰判明な推論の力＝理性を棒とすれば、それによって世界全体を持ち上げることも不可能ではない、というわけである。

「確信」を英語でcertainと言うが、面白いことに、このcertainという形容詞は、I am certain that… のように主語に人物をとることもできるが、It is certain that … のように、特定の誰かを指すことなく、ただ語られた内容の確かさを示すだけの表現としても使うことができる。この表現の二義性を借りて言うなら、デカルトがここで直面している問題は、いかにしてI am certain that…（私は確信している）からIt is certain that…（それは確かだ）を導き出すことができるのか、ということになるだろう。いかにして私の確信から、普遍的な、絶対的な確実性へと至ることができるのか。いかにして私の思いから世界そのものへと至ることができるのか。表象と物自体、それをつなぐ道はあるのか。

神の存在が要請されるのはまさしくここにおいてである。だがここで、「神」という言葉に躓《つまず》かないでほしい。デカルトは一七世紀のヨーロッパに生きた人だから、デカルトが神と言えばもちろんそれはキリスト教の神と無関係ではありえない。先にも述べたように、デカルトが生きた時代は最後にして最大の宗教戦争と言われる三〇年戦争のさなかであった。一六三三年、ガリレイが地動説を唱えたかどで教会に断罪されたことを聞き及んだデカルトは、自著『世界論』の公刊を断念した。神の問題は現実の政治社会とも密接に結びついていた。とはいえ、ここでの議論に関しては、ひとまずキリスト教のことは脇に置いて、「神」という言葉も、「存在の根拠自体」を指す呼称として考えてみた方がいいだろう。なぜ何もないのではなく、何かがあるのか。何であれ、何かがあると言えることの根拠はどこにあるのか。そうした根拠のことを神と呼ぶ。そう考えてほしい。

私が存在する。少なくとも、考えるものであるかぎりでの私がある。そのことだけは確かであるとしか考えようがなかった。それでは、その「ある」はどこからもたらされたのか。私自身が自らの「ある」を生み出したのか。無から存在を生み出すような、そうした力が私にあるだろうか。とにかくも、私があるというその一事だけでも絶対に確実なこととして言えたならば、そのように「ある」ということが確実に言えるための根拠もまた私の内に見出すことができるはずだろうし、「ある」という概念そのものが私の内にあるということから、そうした概念が私の内にあることの由来を求めていくことができるのではないだろうか。そして、その概念が私の勝手に作り上げたものでありえないとすれば、存在概念そのものの由来としての存在の根拠=神を明らかにしていくことができるのではないか。デカルトは『省察』のなかであわせて三通りの神の存在証明を提示しているが、その詳細はここでは省略する。ここで確認しておくべきは、意識自体の存在から意識の対象の存在を導き出すためにデカルトが神の存在を必要としたということであり、それを通じて意識対象としての、意識以外の存在の確実性を保証しようとした点にある。

四、主観（ココロ）と客観（モノ）

私たちはいま、「それは主観的だ」とか「客観的に見れば」といった言い方をごく普通にするが、主観的／客観的という区分けで世界を捉える捉え方が、まさにこのときに誕生したのだと言ってよいだろう。色も匂いも音も世界のなかにある。私たちは通常そう思っている。青いセーターの青は、そのセーターそのものに備わっている性質だ。だが、少し考えてみよう。暗闇のなかでも、そのセーターは本当に青いだろうか。照明が変われば色は変わって見える。光がなければ色はない。光があっても、それを受けとる眼がなければ、そしてそれを色として捉える私がいなければ色はない。セーターというモノがたしかにあるとしても、そこにあるのは織り上げられた糸の表面の複雑な肌理《きめ》だけで、それ自体は私の眼に映る青さとはなんの共通点ももたない。糸と呼ばれる物質やそこに反射する光、さらにはそれが私の眼を通じて私の脳に与える刺激はたしかに客観的なものとして存在しているが、そうした刺激の果てに、私の眼の前のセーターの表面に鮮やかに見出されるその青さは、モノの側にではなく私の側に、主観の側にある。音もそうだろう。あるのは空気の振動だけで、それを受けとる耳がなければ音はない。つまるところ、モノの側にあるのは一定の大きさや形や動きだけであって、それ以外はすべて私の側、意識の側、ココロの側にある。デカルトはいわば世界全体を懐疑という遠心分離器にかけて、モノとココロ、意識と自然とを抽出分離してしまったのだ。この分離器にかけるならば、一個の人間でさえモノとしての身体と意識としてのココロに分離されるだろう。私は身体の側にではなく意識の側にある。身体は主観ではなく客観の側にある。もちろん、世界の側に色や音がないからといって、そうした色や音を私の内に惹き起こす何かがまったくないわけではない。ただ、その何か――物質の形や大きさや運動――は、それが私の内に惹き起こす色や音とはまるで似ていないのだ。この「似ていない」という点は、これから『眼と精神』を読む上でとても大切になる。覚えておいてほしい。

魂（精神・心）と身体（物体）とは別物である。とはいえ、他方でデカルトは、その両者がどういう仕方でかはともかく、とにかく一体化している次元をも認めていた。理論の次元においてはたしかに心と身体は別物である。だが、日常的な行為の次元においては両者は一体を成している。言い換えるなら、科学の次元においては両者は別だが、知覚の次元においては両者は一つである。デカルトの二元論と言えば、まず思い浮かぶのは心身の二元論だが、その根底には理論と行為、科学と知覚の二元論がある。心身の二元論を水平面での横並びの二元論と言うならば、垂直の、縦の軸での二元論がある（詳しくは、補注20を参照）。

それゆえ、意識と自然との関係を問い直すことは、デカルト的なモノとココロの分断そのものの妥当性を問い直すことであり、その分断の根底にある理論と行為、科学と知覚の峻別をこそ問い直すことにつながるだろう。そしてそのことは、当然ながら、「ある」ということそのことをも問い直すことにつながる。モノ的な「ある」、つまり、大きさと形と運動という仕方での「ある」と、ココロ的な「ある」、すなわち、意識する、考えるという仕方での「ある」というその二種類の「ある」だけで、「ある」ということのすべてが尽くされるのだろうか。それ以外のさまざまなあり方は、その二つの「ある」のどちらかからの派生形、あるいはその混合態にすぎないのだろうか。

「ある」ということへの問い、それを伝統的に「形而上学」あるいは「存在論」と言う。「ある」ということについての探求なのだから、それを「存在論」と名づけるのは分かりやすいが、「形而上学」という言葉については少し説明が必要だろう。『眼と精神』のなかにも随所に「存在」という言葉が、それも大文字で強調されて（翻訳では二重括弧で《存在》とした）登場してくる。デカルトは哲学を一本の樹木に擬《なぞら》えて、その根は形而上学であると語っているが、その根付きそのものを問い直すという意味で、『眼と精神』でメルロ＝ポンティが取り組もうとしていたことは、まさに存在論であり、形而上学と呼ばれてよい。

五、形而上学

デカルトが哲学を一本の木に喩《たと》えているのは、自分の著作『哲学原理』がフランス語に訳されたさいに（もとは当時の学問的共通語であるラテン語で書かれた）、その訳者に宛てた手紙においてである。デカルトはそこで、もしも自分が序文を書くとしたらこんなふうに書くだろうと言って、次のように語り出している。

私が序文を書くとしたなら、まず第一に、哲学とはなんであるかを明らかにしようとして、次のような周知のことがらからはじめたでありましょう。すなわち、「哲学」という語が知恵の探究を意味すること、知恵とは、たんに実生活における分別をさすばかりでなく、人間の知りうるあらゆることについての完全な知識——自分の生活の指導のためにも、健康の保持やあらゆる技術の発明のためにも役だつような知識——をさすこと。この知識がこれらの目的に役だつものであるためには、それが第一原因から導きだされることが必要であり、したがって、こういう知識の獲得に努める——これが本来、哲学すると名づけられることです——ためには、そのような第一原因の、すなわち原理の、探究ということからはじめなくてはならないこと。〔…〕

（『デカルト』世界の名著、中央公論社、一九七八年、三一五頁）

「哲学」という日本語は明治になって作られた翻訳語だが、もとを辿れば古代ギリシア語の「フィロソフィア」に遡り、そのフィロソフィアは「知恵（ソフィア）を愛し求める（フィロ）」という意味をもつ。そしてデカルトの言うように、その「知恵」が実生活上の知恵から技術や医学までも含めたすべての知識のことであるならば、哲学とはさまざまな学問のうちの一つの学問、一つの知的専門分野のことではなく、人間の知的営みすべてを包含するものであり、この意味で学問そのものであると言えるだろう。しかもそのさい、それがすでに獲得された知識や知恵を指す言葉ではなく、まさにそうした知恵や知識を求める「探究」をこそ指す言葉だということを見逃してはならない。「知恵」だけならば「フィロソフィア」の後半部「ソフィア」だけで足りる。それに「フィロ」がくっついているのは、そこに「愛し求める」という意味が込められているからである。哲学とはなんらか特定の知恵のことでも知識のことでもなく、それらを愛し求めること、探究の営みである。

これを第一の注意点とするならば、第二に、哲学はそれらの知恵や知識を手当たり次第、行き当たりばったりに得ようとするのではなく、それらの「第一原因」、「原理」を突き止め、そこからすべての知恵と知識を導き出そうとする。ここからまさに哲学を一本の木に擬える意味も明らかになってくるだろう。哲学という木の根っこは形而上学であり、幹は自然学、そしてそこから多様な枝がさまざまに延びていくが、それらは「医学と機械学と道徳に帰着する」とデカルトは言う。いまの引用にあった「健康の保持」、「技術の発明」、

「生活の指導」がそれである。そして幹に当たる「自然学」とは、大雑把にはいまの物理学や化学を中心に、さらに生物学をも含み込んだ自然科学全般のことだと考えてもらえばよい。もとの言葉は「フュシカ」で、英語のphisicsの語源に当たる。そしてその根が「形而上学」で、これももとの言葉では「メタフュシカ」と言う。幹の「自然学」と根の「形而上学」は、日本語にすると互いに何のつながりも見えてこないが、もとの言葉では「フュシカ」と「メタフュシカ」で、見るからにつながっている。「形而上学」は「メタ・フュシカ」、つまり「メタ自然学」で、「メタ」は「後に」といった意味合いの前置詞から来ている接頭辞である。それゆえ、「自然学の後のもの」というのが「形而上学」のもともとの意味で、歴史的にはアリストテレスの著作がそう名づけられたことに由来する。すなわち、アリストテレスの著作を後世の学者が編纂したさい、「自然学」に関する著述類をまとめた「後に」、そうした自然学の根拠として、「ある」ということ自体を論究している著述類を「自然学の後なるもの＝メタフュシカ」としてまとめて位置づけたのである。直接目に見え手で触れることのできるものは、土や水にはじまり植物や動物に至るさまざまな自然であり、それらの多様なありさまを探究することは自然学の仕事となるだろう。しかし、それらの多様なありさまを成り立たせている原理そのものへと探究が向かうとき、その探究はおのずから自然学を超えて形而上学となるだろう。「メタ＝後に」という言葉は、また『超えて』という意味を担いうる。次の一節はアリストテレスの『形而上学』の言葉だが、その一部が『眼と精神』のなかの第31段落にも登場してくる。

それゆえ実に、あの古くから、いまなお、また常に永遠に問い求められており、また常に難問に逢着するところの「存在とはなにか？」という問題は、帰するところ、「実体とはなにか？」である。

「実体」というあまり聞き慣れない言葉が出てくるから分かりにくいと思うが、辞書を見れば、実体とは「変化する諸性質の根底にある持続的な担い手と考えられるもの」（広辞苑）とある。諸性質、つまり、色や手触り、どのくらいの大きさや重さをしているのか、いつどこでどんな状態にあるのか、そういったことは時とともに変わってゆく。変わるということは、それまで「〜である」と言えたものが「〜でない」になったことであり、同時にまた、それまで「〜でない」だったものが「〜である」になったことでもある。日焼けをすれば、いままで白かったものが黒くなる。ダイエットをすれば重かったものが軽くなる。だが、日焼けをしようがダイエットをしようが、そのことで、あなたが別人になってしまうわけではないし、ましてや人間でなくなってしまうわけではない。あなたが人間であること、そのことは日焼けにもダイエットにもかかわらず変わらない。逆に「人間である」ということのその「ある」はずっと変わらずに、その上ではじめて、白から黒へ、重から軽へ「なる」という変化が起こりうる。このかぎりでは「人間である」ということがまさに日焼けやダイエットといった「変化」の「担い手」であり「実体」であると言えるだろう。

もちろんここで、人間もまたきわめて複雑ではあるが所詮は物質の集まりにすぎないと言うならば、それ以上分割できず、それ自体は変化することのない究極の物質単位こそが実体ということになるだろうし、あるいは逆に、人間であることをたんなる物質の集まりによってではなく、たとえば魂のような何かによってこそ「人間」という一個のまとまりが成り立っていると考えるならば、その魂こそが実体であるということになるだろう。何を実体と見るかはさておき、ここで注目しておきたいのは、答えではなくその問いの方にある。「ある」はさまざまに語られるが、本当の意味で、あるいは、中心的な意味で「ある」と言えるものは何であるのか。これが形而上学が主題とする問題であり、アリストテレス自身はこれを「第一哲学」と呼んでいる。「第一哲学」は言うまでもなく「自然学」である。先にデカルトの『省察』という本に触れたが、そのフルタイトルは『第一哲学についての省察』であり、まさに「ある」ということの根拠を求めようとしたものであった。そして、その根拠そのものを新たに問い直そうとするならば、その試みもまた、当然、形而上学であり存在論と呼ばれてしかるべきものとなるだろう。デカルトが分離したココロ的な「ある」とモノ的な「ある」、それをどう結び直せばよいのか。分離以前の地点、そこにこそ本来の根付きがあるのではないか。

その地点、そこに「ある」のは、まさに「身体」にほかならないとメルロ＝ポンティは見る。『行動の構造』と『知覚の現象学』にはじまり、『眼と精神』と未完の『見えるものと見えないもの』に終わったメルロ＝ポンティの思想全体をあえて一言で言ってしまうならば、身体の「ある」を中心的意味として、「ある」ということを考え直す試みであったと言えるだろう。そして、その「身体」の「ある」を、モノ的な「ある」ともココロ的な「ある」とも違ったかたちでもっとも典型的に表すものが、「住む」というあり方である。

やや先取りになるが、『眼と精神』の冒頭を見てほしい。本文は次の言葉からはじまる。

科学は物を操作するのであって、物に住みつくことは諦めている。

「物に住みつく」とは、しかし、日本語として奇妙な表現に思われるだろう。もっとうまい訳し方がないものかといろいろ考えたが、どう訳そうと、この表現にはもう少し詳しい注釈が必要だろうと思い、とりあえずこうしておいた。「住む」とはどういうことなのか。そこに『眼と精神』の、いや生涯を通じたメルロ＝ポンティの思想全体がかかっている。

六、住むこと

ある意味では、林檎が箱のなかにあるように、私の身体も家のなかにある。コップが机の上にあるように、私の身体も畳の上にある。だがそうした「ある」は、空間的な位置関係を表すだけの「ある」であって、まさにモノ的な「ある」にすぎないだろう。しかし身体が家のなかにあるあり方、家のなかのさまざまな事物に対してあるあり方、さらにはこの町に、この世界にあるあり方は、そうした空間的位置関係に尽きるものではない。調度類は私の身体の大きさに合わせて、私の身体の力、その働きに合わせてしつらえられている。人工物だけでなく、自然的な事物でさえも、或るものは食べることができるもの、或るものは危険なものとして、私の身体がそこで生きるための意味を帯びたものとして私の身体を取り巻き、それらに養われ、それらを避けることによって私の身体は生きている。たんにモノとして「ある」のではなく、「暮らし」ている。身体のこうした「ある」を、メルロ＝ポンティはハイデガー（Martin Heidegger, 1889-1976 ドイツの哲学者）にならって「世界内存在」と呼ぶ。ハイデガーはその著『存在と時間』（一九二七年）において、次のように語っている。

> 内＝存在〔世界のうちにあること〕というのは、〔…〕ある物体的な事物（人体）が、ある客体的存在者の「なか」に客体的に存在しているということを指しているものではありえない。内＝存在は、空間的な意味で一方が他方の「なか」にあるという客体的関係を指すどころか、むしろ「内」はもともと決してそういう空間的関係を意味していないのである。「内」(in) は《innan》から派生した語で、これは「住む」(habitare)、

「滞在する」ことである。「において」(an)は、「……になれている」、「……に親しんでいる」、「……を世話している」ということで、habito(住む)やdiligo(愛着をもつ)という意味を含んだcolo(耕す)という語義をもっている。こういう意味の内＝存在をそなえているこの存在者を、われわれは、いつも私自身である存在者として性格づけておいた。「私はある」を表す《bin》という語は、「……のもとで」(《bei》)と関係がある。「私がある」(《ich bin》)もやはり、「私は住む、滞在している……」、すなわち、「しかじかになじんでいるものとしての世界のもとに」――ということなのである。

(『存在と時間(上)』第一篇第二章第一二節、細谷貞雄訳、ちくま学芸文庫、一九九四年、一三三頁)

身体はたんにモノとして世界のなかにあるのではなく、世界に住んでいる。世界もまた、たんにモノの集まりとして私のまわりにあるのではなく、身体の暮らしの場として、すなわち環境として、住まいとしてある。それぞれ独立別個のものとして世界と身体があるのでもなければ、世界の側が一方的に身体を規定しているのでも、身体が一方的に世界を利用したり改変したり意味づけたりしているわけでもない。そもそも身体と世界とをまるで別個のものであるかのように語る語り方がおかしいのだ。世界とは別のところにまず身体なるもの自体があって、それがあるとき世界に住みはじめるわけではない。身体は文字どおり世界から生まれてきたのであり、それ自身、世界の一部である。世界の一部が世界の別の一部を食べたり飲んだり見たり聞いたり愛したり憎んだりしている。いや、別の一部だけでない。自分自身を食べたり飲んだり見たり聞いたり愛したり憎んだりすることができるのだから、少なくとも身体というその一部においては、世界そのものが世界自身に関わっていると言うことができるだろう。言い換えるなら、世界のそうした自己関係が生起する場こそが身体にほかならない。世界と身体は「同じ生地で仕立てられている」(第9段落)とメルロ＝ポンティは言う。そしてこの「同じ生地」をメルロ＝ポンティは「肉」と呼ぶ。身体が世界そのものから生まれ、世界に住まい、そしてやがて世界のうちへと死んでいくことを考えてみれば(たとえば食べられてしまうことを考えてみよ)、こうした言い方もそれほど奇異ではないだろう。植物は土や水や光を食らい、その植物を動物が食らい、それらをまたこの身体も食べて生きている。身体の肉は世界の肉から生まれ、世界の肉を食らい、やがて世界に食われ、世界の肉へと回帰する。食べるためには獲物を見つけ、あるいは聞きつけ、嗅ぎつけて、それを捕まえ、かぶりつかなくてはならない。そうやって咀嚼し消化された肉は私の肉となり、そこから排泄されたものはまた他の生き物にとって新たな肉となるだろう。こうした肉としての身体のあり方、そうした身体としての私のあり方、そこから「ある」ということ自体を、肉の可感性(感じうるということ)から出発して考え直していくことができないだろうか。というのも、食べる身体は同時に感じられる身体であり、それはまた、食べられる世界と同じように感じられる身体でもあるのだから。身体と世界が同じ肉で仕立てられているならば、感じるということ自体、そしてさらには、知るということ自体、身体という世界の一部において世界が世界自身に関わるその関わり方にほかならないのではないか。メルロ＝ポンティが新たに踏み出そうとしていたのはそうした道であった。とはいえ、先にも触れたように、その道をわずかに踏み出しかけたと思われたところで、突然の心臓発作がメルロ＝ポンティを襲い、彼の身体はまさに世界の肉へと解体していってしまった。ここに訳出した『眼と精神』はその最後の一歩の足跡である。

＊　＊　＊

メルロ＝ポンティが生前に残した著作のなかでも、この書はけっして読みやすいものではない。雑誌への寄稿ということもあってのことだろうが、論述は十分に展開されているとは言えないし、本来ならば大著――初期の『行動の構造』や『知覚の現象学』のような――において詳述されるべき議論や説明が極度に圧縮されていて、文章そのものもまた、輪郭を丹念に線でなぞっていくというよりも、空白に色を置いていくような、そうした書き方に見える。とはいえ、翻訳においてもそのまま単語を並べただけでは読みにくくてしようがない。そこで、ぎこちない処置ではあるが、原文に明示されていないつなぎの言葉や説明の語句は〔　〕に入れて補っておくことにした。単語だけではない。文と文の間も同様である。まるで俳句や和歌を口語訳するかのような無粋なやり方であったかもしれないが、読みやすさを考慮した苦肉の策だと思っていただきたい。

その他、段落番号は便宜のために訳者がつけたもので、原文にはない。また、脚注のほかに、補注をつけて本文の後ろにまとめた。脚注のスペースに収まらない説明や出典元の文章を引用しておいたので参考にしてほしい。原文が大文字のものは《 》、イタリックは黒丸傍点で示した。ただし、斜め点の傍点は、訳者が訳文の便宜上振ったものである。また、さまざまな著作からの引用に当たってはできるかぎり既訳に従ったが、文脈に応じて手を加えた。

また、原著には七点の図版（本書八二、一〇二、一二七、一五四、一六八、一九四頁）が添えられていたが、リシエとロダン（一九四頁）については同一の図版が入手不可能なため、できるかぎり近い図版を選んで掲載することにした。その他の図版については、本文読解の助けになるよう訳者が加えたものである。

「眼」と「精神」は「セザンヌ」と「デカルト」だと言いながら、ここまでセザンヌについては何も語らずにきた。多弁を費やすよりも実際に絵を見てもらうのが何よりだが、ただ、ガスケの『セザンヌ』だけは、全部でなくとも目を通しておいてほしい。わずかだが、補注の1と9に、ある程度まとまった分量の引用をしておいた。そこだけは飛ばさずに読んでおいてほしい。その箇所をメルロ＝ポンティなりの言葉で敷衍しようとしたのがこの『眼と精神』という本だと言っても過言ではない。

最後に、『知覚の現象学』の序文から次の一節をもってこのまえがきを締め括ることにしよう。本文を読み終えたあとで、「結局、メルロ＝ポンティは何が言いたいのか」、あるいは「哲学とはいったい何なのか」と思うかもしれない。少なくとも一度読んだくらいでは、そう思う方が自然だろう。それでいいから、そう思ったら、ぜひ次の言葉を思い出してほしい。引用冒頭の「現象学」という言葉は、ここでは「哲学」とイコールだと思ってくれていい。

現象学は、〔…〕世界や歴史の意味を生まれたての姿で掴み取ろうとする意志において、バルザックやプルースト、ヴァレリー、セザンヌたちの仕事と同じように労苦に満ちた作業なのである。

モーリス・メルロ＝ポンティ『眼と精神』

序

クロード・ルフォール[*一]

『眼と精神』は、メルロ＝ポンティが生前に完成させることのできた最後の著作である。アンドレ・シャステル[*二]が彼に『フランス美術』第一号への寄稿を求めた。メルロ＝ポンティはそれを引き受け、その年（一九六〇年）の夏の大部分をその執筆に費やしたのだが――それが彼の最後のヴァカンスとなってしまった。そのときには、翌年春に彼を襲うことになる突然の心臓発作を告げるものは何もなかった。

（一）クロード・ルフォール（Claude Lefort, 1924-2010）
フランスの政治哲学者。メルロ＝ポンティに師事。全体主義批判、民主主義に関する哲学的考察のほか、メルロ＝ポンティの遺稿（『見えるものと見えないもの』、『世界の散文』等）の編集を多く手がける。

（二）アンドレ・シャステル（André Chastel, 1912-1990）
フランスの美術史・文化史家。高等師範学校卒業後、ワールブルク研究所に留学。パノフスキーらの仕事に大きな影響を受ける。パリ大学、高等研究院等を経て、コレージュ・ド・フランスの「イタリア・ルネサンスの芸術と文明」講座教授。『ルネサンスの深層』、『グロテスク』等、著書多数。

二カ月から三カ月、エクスから遠くないトロネの田舎町で、ある画家――ラ・ベルトラヌ――が貸してくれた家に落ち着き、心地良く手入れされたその借家での滞在を楽しみながら、しかし何と言っても、セザンヌの眼の痕跡を永遠に保ち続けているその風景を毎日味わいながら、メルロ＝ポンティは絵画と同時に視覚に対してふたたび問いを投げかける。いやむしろ、いまはじめてのように問いを投げかけるのだ。まるで前年に『見えるものと見えないもの』で自身の旧来の問題を再定式化などしなかったかのように、そしてまた、まるでこれまでの自分のすべての著作――何よりもまず『知覚の現象学』（一九四五年）というあの金字塔――が彼の思考にのしかかることなどないかのように、あるいはむしろ、あまりに重くのしかかってくるからこそ、驚きの力を取り戻すためにはそれらを忘れ去ってしまわなければならないかのように。彼はもう一度、はじまりの言葉、たとえば、人間身体の奇跡をつくりなしているものを名づけうる言葉、他者と世界と自分自身との無言の対話がはじまるやいなや生じる身体の不可思議な生動を名づけうる言葉——と同様に、その奇跡の脆《もろ》さをもまた名づけうる言葉を探し求める。そして事実、それらの言葉を彼は見出すのだ。「人間の身体が〔まさしく人間の身体として〕そこにあるのは、見る者と見えるもの、触れる者と触れられるもの、片方の眼と他方の眼、手と手のあいだである種の交叉が起こり、〈感じ—感じられうるもの〉に火花が散り火が灯ったときであって、その火は、偶然的出来事だけでは十分に作りえなかったものを、身体に起こる偶然的出来事が壊してしまうまで燃え続けるのである。[*一]」

　ここでは言葉は理論の制約から解放されている。身体のこの祝賀——そこには身体の避けがたい、瞬く間の崩壊への思いがある——は、語り手の現存と不安について何事かを伝えている。私たちは、画家の芸術が彼に与える驚嘆の彼方に、ただ自分自身が見、感じ、現れるという事実だけから生まれてくるこの最初の驚嘆——すなわち、あらゆる知の根源にあって想像を絶した、世界と身体とのこの二重の出会いという事実だけから生まれる最初の驚嘆を目にするのである。

（一）本文七六頁。

この哲学的著作が発する独特な魅力の理由は、おそらくこうしたところにある。身体、視覚、絵画についての省察は、生きた人間の眼差しや身振りの痕跡をとどめているのであり、そしてまた、それらの眼差しや身振りが横断する空間、それらの眼差しや身振りに生命を与えている空間の痕跡をとどめているのである。哲学者たちは熱心に、感覚的なものからの解放のうちに魂の救済を求めようとしているのだが、そこで彼らが知覚された事物を解体せんがために計算ずくで持ち出してくる蠟片や白墨片、机や立方体といった知覚された事物の骨格標本は、ただ私たちが住んでいる世界の惨めさを証明するためにのみ選ばれたものだと言ってもよいだろう。逆に、視覚や見えるものから、それらが思考に対して要求してくるものを引き出してくるためにメルロ＝ポンティが呼び起こすのは、一つの風景全体、すなわち、眼とともにすでに精神を捉えていた風景であり、そこでは近くのものが遠くのものへと拡散してゆくとともに、遠くのものが近くのものを振動させ、諸事物の現前が不在を背景に与えられ、存在と現れが交換されるのだ。「水の厚みを通してプールの底のタイル床を見るとき、私は水や水面の反射にもかかわらずそのタイル床を見るのではなく、まさに水や反射を通して、水や反射によって見るのである。もしもそうした歪みやまだら模様の照り返しがないならば、もしも私がそうした肉なしにタイル床の幾何模様を見るならば、そのときにはタイル床をあるがままに、あるがままのところに、すなわち、どんな同一的な場所よりも遠いところに見ることをやめてしまうだろう。水そのもの、水というあり方をした力、とろりとして煌《きら》めく元素、それが空間のなかにあると言うことは私にはできない。というのも、それは別の場所にあるわけではないが、プールのなかにあるわけでもないからである。それはプールに住んでいて、そこで〔いわゆる水として〕物質化しているのであって、それはプールに含まれているのではなく、もしも糸杉の遮蔽林の方に眼を上げて、そこに水面からの反射が網の目をつくっているのを見るならば、水がその遮蔽林のところにも訪れに行っていること、あるいは少なくとも、そこに水の活動的で生き生きとした本質を送り届けていることを私は疑うことができないだろう。*一」

こうしたくだりを書いているあいだ、メルロ＝ポンティはたぶん部屋のなかにいて、その厚い壁が屋外の光と騒音から彼を守っていた。けれども彼の思考は、その思考のうちに刻まれたプールの水と糸杉の遮蔽林の視像を、そしてそれらを一つに結びつけていた眼の運動そのものを保ち続けていた。私がそう言えるのはそれらを見たことがあるからで、そのプール、と言うよりもむしろちっぽけな池と糸杉の木立はそこに、家のすぐそばにあった。もっとも、それらがもっと以前に彼の眼差しのもとにあったものだとしても構わない。たとえそうであっても、それらは彼の記憶の

（一）本文一五九〜一六一頁。

底から浮かび上がってくることができたのだ。事実、考えるためにはそれらを呼び起こさなくてはならなかったし、彼の筆は見えるものの輝きを反響させ、それを伝えているのである。

周知のように、哲学の問題はすべて知覚の吟味へと差し戻されるべきであるという確信の一部を、メルロ＝ポンティはフッサール[*一]の読解から掴み取った。たとえば『眼と精神』のなかには、近代科学に対する批判、すなわち、近代科学は自らが構築したもの対しておおらかだが盲目的な信頼を抱いているという批判と、反省的思考に対する批判、すなわち、反省的思考は自身がそこから出現してきた世界

（一）フッサール（Edmund Husserl, 1859-1938）
ドイツの哲学者。大学で数学を学び、哲学研究としても数概念の基礎づけから出発するが、後にあらゆる学問の厳密な基礎づけを目指し、意識の働き方にその根拠を求めて、それを解明する方法として現象学を提唱する。しかし、その方法によって意識の働き方を探求するにつれ、その根拠が意識の働きを逃れるものであることに着目せざるをえなくなり、そこから、身体、他者、言語、歴史、日常性といった、意識を規定しつつも意識を逃れるものの探求領域を開拓することによって、ハイデガー、サルトル、メルロ＝ポンティ等を代表とする二〇世紀哲学の展開に多大な影響を及ぼすことになる。主要著作として『論理学研究』、『イデーン』、『ヨーロッパ諸学の危機と超越論的現象学』等。
メルロ＝ポンティがフッサール、とりわけ後期フッサールをどのように受け取ったかについては、「哲学者とその影」という論文がもっとも雄弁に語っている。その一部を補注

についての経験を説明できないという批判が見られるが、そのどちらも、現象学の創始者の議論を受け継ぎ再定式化したものである。だが、その系譜がどれほど明らかであるにせよ、だからといって、我らが著者の作品が絵画に関する省察に負っているものを忘れるべきではないだろう。

その省察は、『知覚の現象学』（一九四五年）と同じ年に出版されたが、それよりも三年前に書かれていた最初期の小論の一つ「セザンヌの懐疑」（『フォンテーヌ』）のなかで、すでに言葉となって表されていた。「間接的言語と沈黙の声」（一九五二年）――途中で断念された『世界の散文』という書物の章を手直ししたもの――がそれに続き、そこには、現象学の境界の彼方への移行が、すなわち最後の著作群が納得

7に引用しておいたので参照されたい。『眼と精神』において語られる「肉」というキータームの出生地も、直接的にはフッサールのうちにある。

させることになるような新たな存在論の必要性を予告するような、表現と歴史についてのある考え方が姿を現しはじめている。新たなタイプの観念論を練り上げていくという線でフッサールを継承することの拒否が、そうした路線での試みが抱えるさまざまな矛盾の分析から生じてきたものであることはたしかだとしても、その拒否はまた疑いの余地なく、表現、芸術、とりわけ絵画が己れの養分としているさまざまなパラドクスの観察に基づいているのである。絵画は、「沈黙の経験」への純然たる回帰という幻影、超越論的意識の働きがそこに認められるような本質の露呈という幻影に満足することはない。画家の仕事は、視覚と見えるもの、現れと存在とが分かち難いものであることをメルロ＝ポンティに得心させる。それは彼に、作品から作品へと投げ返され、けっして解決にいたることのないだろうような、にもかかわらずある種の認識をもたらしてくれる終わりなき問いかけの証言を提供してくれるのだが、その問いかけの特異なところは、その認識、つまり見えるものの認識を、ただ見えるものをカンヴァスのうえに到来させる行為によってのみ獲得するという点にあるのである。

デカルトの歩みに対する批判は哲学の新たな理念を要求するものだが、その批判の果てに、メルロ＝ポンティは次のように宣言する。「(…)これから取り組まなくてはならないこの哲学こそが、まさに画家に生命を与えている哲学である。ただしそれは、画家が世界についてさまざまな見解を述べるときではなく、彼の視覚がおのずから所作となる瞬間、セザンヌが語るだろうように、『絵画のなかで考える』そのときにこそ、画家に生命を与えている哲学なのである。[*一]」このように、画家は、画家が純粋思惟ではないということを理解させる。そしてまた、哲学が問いかけを推し進め、考えるとはどういうことなのか、世界とは、歴史とは、政治とは、あるいは、芸術とは何なのか、要するに、思考が引き受けるあらゆる経験にまでその問いを推し進めるとき、哲学はただ画家につきまとう謎を迎え入れることによって、そして、今度は自ら作品空間のなかで認識と創造を結びつけることによって、つまり言葉とともに見

（一）本文一四二頁。

させることによってのみ、己れの道を切り開いて行くことができるのだし、また、そうすべきだということを、画家は理解させてくれるのである。

『眼と精神』はたんにこの道を指し示すだけでなく、すでにある種の書き方でこの道を描き出してもいる。たんに新たな存在論の必要性を定式化して述べるだけでなく、それを感覚しうるものにしている。絵画に関する省察はその著者に新たな言葉の可能性を与える。それは文学や詩にさえも近い言葉であり、なるほど論証はするが、しかし、アカデミズムの伝統が哲学的言説から切り離すことができないと信じさせてきた、あらゆる人為的技巧を免れることに成功した言葉なのである。

眼と精神

「私があなたに伝えようとしていることはもっと不思議で、存在の根源や手にとってみるわけにはゆかない感覚の源にからまっているものなのです。」

J・ガスケ『セザンヌ』*一

I

〔1〕科学は物を操作するのであって、物に住みつくこと*二は諦めている。科学は物の内的モデル*三を築き、その指数や変数を操作して定義上許されるかぎりの変形を加えるが、現実の世界と向き合うことはめったにない。見事に活動的で創意に富み、臆することのないこうした思考、あらゆる

(一) 私が……
『セザンヌ』與謝野文子訳、岩波文庫、二二〇頁。少し長くなるが、この言葉に続く数頁を補注1に引用しておく。本文中に出てくる他のいくつかのセザンヌの言葉もこの箇所に出てくる。補注9とあわせて、ぜひまとまったかたちで目を通してほしい。この一節を哲学的に敷衍したものが『眼と精神』であると言って過言でない。

(二) 物に住みつくこと
たんなる物体が空間のなかに「ある」ことと、生物とりわけ私たち人間が自らを取り巻く世界のなかに「ある」こととは、そのあり方を異にする。「住まう」とは、まさに後者のあり方を典型的に表したものである。訳者まえがきを参照。

(三) 内的モデル
外的対象たる事物や事象の振る舞いを説明・予測するためにわれわれが自ら作り上げる理論的構築物。

存在を「対象一般」として扱おうとする決然たる態度、すなわち、あらゆる存在をまるで私たちにとって何ものでもないと同時に、私たちが編み出した技巧にあらかじめ従うよう定められたものであるかのように扱おうとする態度、科学とはこれまでずっとこうしたものであったし、いまなおそうなのである。

〔2〕しかし、古典科学[五]は世界が不透明なものであるという感覚をまだもっていたし、その理論構築を通じて到達しようとしていたのは世界そのものであって、だからこそ、科学は自身の操作を通じて超越的ないし超越論的な根拠[六]を探求するよう義務づけられていると信じていたのである。しかし今日見られるまったく新しい点――科学のうちにで

（四）私たちにとって何ものでもない
私たちと無関係に、それ自体として決定されているものとして扱うということ。

（五）古典科学
ここではガリレイやニュートンによって近代科学が成立をみた一七世紀から、一九世紀後半から二〇世紀初頭にかけて相対性理論や量子力学が登場するまでの科学を指す。

（六）超越的ないし超越論的な根拠
神（＝超越的根拠）および私たちの先天的認識能力（＝超越論的根拠）のこと。前者は創造主として被造世界を「超えて」いるし、後者は、それによってはじめて個々の認識が可能になっているという意味で、個々の認識対象を「超えて」いる。補注2参照。

はなく、かなり流布した科学哲学のうちにではあるが――は、構築的実践が自らを自律的な営みであると思い込み、またそう自称するというところに、そしてまた、思考が自らを、自分の発明した、対象を捉え入手する技術の総体に還元〔縮減〕してしまうところにある。思考すること、それは試行し、操作し、変形することであり、そのさいの唯一の条件は実験的制御下にあることだが、そうした制御下では、高度に「加工された」現象しか起きてこないし、その現象たるや、私たちの実験装置が検知したというよりも、むしろその実験装置が作り出したものなのである。ここから、とりとめのないあらゆる企てが生まれてきた。今日ほど科学が知的流行に敏感だったことはない。あるモデルがある問題領域で成功すると、それをいたるところで試そうとする。我らが発生学、我らが生物学はいまや勾配だらけで、古典科学が秩序や全体性と呼んだものとそれがどう違うのか正確にはよく分からない状態なのに、疑問は提起されないし、提起されてはならないのだ。勾配とは、何がかかってくるか分からないまま海に投げ入れられる網のようなものである。あるいはまた、その先端に予見しえない結晶が形づくられる細い小枝のようなものである。たしかに操作のこの自由によって、多くの無益なディレンマを乗り越えていくことができそうだが、ただしその条件として、ときには自己点検を行い、何ゆえ装置がここではうまく働くのに別の場所では失敗するのかを考えなくてはならない。要

（一）勾配

勾配理論とは、アメリカの動物学者C・M・チャイルド（Charles Manning Child, 1869-1959）が提唱したもので、体軸に沿った生理的因子の濃度勾配が動物の発生（再生）を司っているという考え方。プラナリアの再生実験を想起せよ。

するに、この移り気な科学は、自らの移り気を自覚し、自らを野生の、あるいは実在的世界という土台のうえに築かれた構築物として捉えるべきなのであって、観念論哲学において「自然諸概念」がもちえた構成的価値[*一]を盲目的操作に対して要求すべきではないのである。世界を名目的に定義すれば[*二]、世界とは私たちの操作の対象Xである、となろうが、そのように語ることは、科学者の認識のあり方を絶対視することであり、それはまるで、かつて存在し、また現に存在しているすべてのものを、たんに実験室に入るためだけに存在してきたかのように見なすことである。「操作的」思考はある種の絶対的人工主義となり、サイバネティクス[*三]のイデオロギーに見られるように、そこでは人間の創造

（一）「自然諸概念」がもちえた構成的価値
「自然諸概念」とは、私たちが世界における諸現象を捉えるさいに用いる諸概念で、「必然的」や「偶然的」、「原因」や「結果」といった概念のことを指す。また、それらが「構成的価値」をもつとは、これらの概念がたんなる虚構や仮設ではなく、じっさいに対象そのものを成り立たせているということを意味する。補注3参照。

（二）世界を名目的に定義すれば
名目的定義とは、言葉の意味を説明するための定義。これに対して、その言葉が指している事柄自体を明らかにする定義を「実在的定義」と言う。「世界とは何であるか」ではなく、「世界という概念はどういう意味なのか」ということ。

（三）サイバネティクス
アメリカの数学者・情報理論家ノーバート・ウィーナー（Norbert Wiener, 1894-1964）が一九四八年に提唱したもので、通信と制御と

活動は情報の自然的プロセスから派生したものとなってしまうが、じつは、そのプロセス自身、人間機械をモデルに考えられたものなのである。もしもこの種の考え方で人間と歴史を捉えようとするならば、そしてもし、私たちが直接的な接触や立場によって人間と歴史について知っていることを知らないふりをし、退廃的な精神分析や文化主義がアメリカで行ってきたように、人間と歴史を抽象的ないくつかの指標から出発して構築しようとするならば、人間はまさにそう見なされたとおりの操作対象(manipulandum)となってしまい、私たちは、人間と歴史に関してはもはや真も偽もない文化体制のなかに、〔すなわち〕目覚めさせてくれるものの何一つない眠りか悪夢のなかに入り込んでいく

いう観点から、機械から生物、社会現象まで統一的に研究しようとする学問の総称。補注4参照。

ことになるだろう。
〔3〕科学の思考——俯瞰的思考[一]、すべてを対象一般として扱う思考——は、そうした思考に先立つ「～がある[二]〔事実存在〕」のなかに、景域[三]のなかに、〔すなわち〕暮らしのなかで私たちの身体にとってあるがままの、感覚的世界と人間的に手の加えられた世界という地面のうえに身を置き戻さなくてはならないのであって、その身体とは、情報機械と見なしうることも自由にできるような可能的身体ではなく、私が私のものと呼ぶこの現実的身体[四]、歩哨のように私の言葉と私の行為の下で沈黙のまま身を持しているこの現実的身体でなければならない。私の身体とともに、共同的身体、「他者」が目覚めてこなければならないが、それは動

（一）俯瞰的思考
上空から全体を一望のもとに見渡すように、思考によってすべてを隈なくありのままに捉えることができるとする考え方。「上空飛翔的思考」と訳されることもある。

（二）「～がある」
英語の「there is~」にあたる表現。本質としての存在（「～である」）に対して、それが何であれ、事実として存在しているということ。

（三）景域
たんなる視覚的光景ではなく、生態学的かつ文化的・歴史的まとまりを有する地域のこと。

（四）私が私のものと呼ぶこの現実的身体
英語の body と同様に、フランス語の身体（corps）は同時に「物体」をも指す。私の身体も物体であるが、それは他の物体や他者の身体（＝物体）と異なり、「私のもの」である。

物学が語るような私の同種個体ではなく、私に憑依する他[*五]者、私が憑依する他者であり、私はその他者たちとともにいま現に目の前にある唯一の《存在》[*六]に憑依しているのであって、これに対して、動物たちがそんなふうに同類や縄張りや環境に憑依したためしはついぞなかった。こうした原初的な歴史性のなかに身を置き戻すならば、科学の軽快にして即興的な思考も、鈍重かつ執拗に物そのものと自分自身に関わっていく仕方を学ぶようになるだろうし、そうすることでふたたび哲学となるだろう……

〔4〕ところで、芸術とりわけ絵画は、〔科学の〕直接行動主義がけっして知ろうとしないこの野生の意味の層を自らの源泉としている。無垢のままにその源泉を汲みとってく

これはデカルトの表現による。一三〇頁脚注(二)を参照。

(五)憑依する
原語のhanterは、「幽霊が出没する」、「妄想などがつきまとう、とり憑く」、「足しげく通う」といった意味をもつ。ここで「幽霊」や「妄想」を思わせる「憑依」という訳語は奇妙に思われるかもしれないが、後段を見越してこう訳しておく。第19段落にはまさに「幽霊」(spectres)が登場する。

(六)《存在》
原文は大文字でÊtre。英語のbe動詞に当たる言葉である。何か特定の事物を指すのでもなければ、そうした特定の事物が「ある」ということを指すのでもなく、どんな事物や事象にも共通している「ある」ということを指す。すなわち、机がある、四角い(四角くある)、原稿を書いている(書きつつある)、疲れている(疲れてある)等々すべてに共通の「ある」ということ。特定の事物またはそ

るのは芸術と絵画だけでさえある。作家や哲学者に対しては、人は慰めや意見を求め、どっちつかずであることを許さず、はっきりした立場をとることを求めるし、彼らの方も語る人間としての責任を拒否できない。逆に、音楽はあまりにも世界と指示可能な事物の手前にあるため、《存在》の干満、増大、炸裂、急旋回といった大きな流れしか描き出すことができない。[*一] ただ画家だけが、いかなる評価の義務もなく、一切の物に対する眼差しの権利をもつ。よく言われるように、画家の前では認識や行為を命ずる言葉は力を失う。「退廃」絵画を弾劾する体制が絵を破棄してしまうことは稀で、そうした体制は絵画を秘匿するのだが、それは「ひょっとしたら……」という思いがあるからで、その

の「ある」ということを指すときには、大文字ではなく小文字で表記される。

(一) 音楽は……できない。
音楽は、たとえば高揚感や軽快感、悲壮感は表現できても、絵画のように「机」や「林檎」といった具体的事物を表すことはできない。

(二) セザンヌ (Paul Cézanne, 1839-1906)
フランスの画家。エクス＝アン＝プロヴァンス生まれ。ピサロと知り合い印象派展にも参加するが、やがて印象派よりも「より堅固でより永続的な」芸術を目指し、建築的な構図、堅牢な形態、明快な色彩を特徴とする作品によって、後のゴーガンやマティス、キュビスム、抽象派等、二〇世紀芸術に多大な影響を及ぼす。

(三) エスタックに隠棲した
一八七〇年にフランスとプロイセンを中心したドイツ諸邦とのあいだに戦争がはじまるが、セザンヌは徴兵を忌避して、マルセイユ

こと自体もうほとんど認めてしまっているに等しい。それにまた、人々が現実逃避という非難を画家に浴びせかけることもめったにない。一八七〇年の戦争のときセザンヌ[*二]はエスタックに隠棲したが[*三]、そのことでセザンヌを非難する人はいないし、世間は尊敬を込めて「恐ろしいものだ、生きるということは[*四]。」という彼の言葉を挙げている。これに対して、哲学は私たちに偉人伝に残るような人物になる方法を教えてくれるものではないと言われたら、ニーチェ[*五]以降、哲学を学びたての者はあっさりと哲学を捨ててしまうことだろう。画家の仕事のなかには他のどんな緊急事をも凌ぐ緊急事があるかのようである。実生活に長けていようが疎かろうが、世界を反芻《はんすう》することにかけては並ぶ者なき

近くのエスタックに、後に妻となるオルタンス・フィケと隠れ住む。

（四）「恐ろしいものだ、生きるということは。」セザンヌの口癖。たとえば、ガスケ『セザンヌ』與謝野文子訳、岩波文庫、三五九頁等を参照。

（五）ニーチェ（Friedrich Nietzsche, 1844-1900）ドイツの古典学者、哲学者。主たる著作に『悲劇の誕生』、『善悪の彼岸』、『ツァラトゥストラはかく語りき』等。一八八九年に本人はすでに正気を失っていたが、九〇年代以降、「超人」や「永劫回帰」、「力への意志」、「神は死せり」といった言葉に代表されるその思想の影響は、哲学よりもまずは文学の領域においてヨーロッパ中に広まっていった。ドイツではトーマス・マン、フランスではアンドレ・ジッド、イギリスではバーナード・ショウ等がその代表的作家として挙げられる。

至高の存在として、画家はそこにいる。彼はひたすら見、ひたすら描くことで自らの眼と手が勝ち得た「技術」以外のいかなる技術にもよらず、歴史の醜聞と栄光が鳴り響くこの世界から、人々の怒りを募らせることも希望を膨らませることもほとんどないカンヴァスを引き出してくることに取り憑かれているのだが、誰もそのことに文句など言わない。彼がもっている、あるいは彼が探し求めているこの秘密の知[*一]とはいったいどんなものなのか。ヴァン・ゴッホがそれに沿って「もっと遠くへ」[*二]行こうとしたその次元とは何か。絵画の、そしておそらくはあらゆる文化のこの基底とは何なのか。

（一）秘密の知

ここで「知」と訳したのは science で、第1段落冒頭の「科学」と同じ言葉である。科学（的知）と秘密の知（絵画）との対比に注意せよ。科学に占有されてしまったかに見える「知」に、元来の豊かさと広がりを取り戻すこと、それこそが、メルロ＝ポンティがここで絵画に関する考察を通じて提起しようとしていることであると言えよう。

（二）「もっと遠くへ」

おそらく、一八八九年六月一六日付のテオからゴッホ宛ての手紙の一節に見られる言葉による。補注5参照。

（三）「自分の身体を運ぶ」とヴァレリーは言う。

出典箇所の全文は以下の通り。「芸術家は自分の身体を運び、あとじさりし、なにものかを置きまた取り除き、その全存在をあげて、まるで自分の眼のように行動し、かれ全体が、みずからを調整し、みずからを変形させ

Ⅱ

〔5〕画家は「自分の身体を運ぶ」とヴァレリーは言う。[*三] 実際どうやったら《精神》が絵を描きうるというのか、そんなことは理解のしようもない。画家が世界を絵画に変えるのは、世界に自らの身体を貸し与えることによってである。こうした実体変化[*四]を理解するためには、活動しているさなかの現実的身体を、すなわち、空間の一片や諸機能の束としての身体ではなく、視覚と運動とで編み合わされた身体を再発見しなければならない。

〔6〕物に近づきそれを摑み取るすべを知るためには、た

るひとつの器官となり、像が明確に映る一点を、奥深くはるかに求めている作品に――ひとの求める作品ではかならずしもないような作品に――潜在的に属している唯一の点を求める。」(「邪念その他」『ヴァレリー全集』第四巻、筑摩書房、一九六八年、三八六頁)

ヴァレリー(Paul Valéry, 1871-1945)は、フランス第三共和制期(1870-1940)を代表する詩人、評論家。代表作に『若きパルク』、『海辺の墓地』、『テスト氏』、『レオナルド・ダ・ヴィンチの方法序説』、『精神の危機』等。

(四) 実体変化

ローマ・カトリック教会の教理。ミサにおいて、パンと葡萄酒が、感覚的性質としてはパンと葡萄酒のままでありながら、その本当の内実(実体)としてはイエス・キリストの肉と血に変化するという教え。補注6参照。

とえそれがどんなふうに神経機構のなかで行われるのか知らなくても、見るだけで十分である。私の動きうる身体は見える世界を当てにし、見える世界の一部をなしており、だからこそ、私は自分の身体を見えるもののなかでうまく操ることができる。しかし他方、視覚が運動に依拠しているというのも本当である。人に見えるのは、その人が眼差しを向けているものだけである。もしも眼の動きを一切欠いていたとしたら、視覚はいったいどうなっていただろうか。そしてまた、もしも眼の動きそのものがたんなる反射であったり盲目的であったりすれば、もしも眼の動きがアンテナ*〔一〕をともなっておらず、先見力〔としての視覚〕をもっていなかったならば、もしも視覚が眼の動きのなかで先に生

〔一〕アンテナ　遠隔感受装置としての視覚のこと。眼が見えることと眼が動くこととは密接に連動している。

じていなかったならば、眼の動きはただ物たち〔の見え〕を混乱させるだけではなかっただろうか。私のどんな移動も原理上私の風景の一隅に現れ、見えるものの地図のなかに転記される。私が見ているものはすべて原理上私の届くところに、少なくとも、私の眼差しの届くところにあり、「私が〜できる」*二という地図のうえに書き留められている。この二つの地図はそれぞれ完全なものである。見える世界と、私が動くことで関わっていく世界とは、同じ《存在》の〔二つの〕全体的部分*三なのである。

〔7〕この不思議な重なり合いに注意が向けられることはあまりないが、この重なり合いは、視覚のことを、精神の面前に世界の絵や表象を立ち上げる思考の操作、〔すなわち〕

（二）「私が〜できる」
デカルト的な意識としての主観性（「我思う」）に対して、知覚や運動を行う身体としての主観性を表す。この表現は、後期フッサール、とりわけ『イデーン』第二巻に頻出する。補注7参照。

（三）全体的部分
たとえば視覚だけで捉えられる世界と聴覚だけで捉えられる世界を考えてみると、二つの別の世界、あるいは足し合わせて全体となるような部分的世界があるわけではなく、どちらも同じ一つの世界そのものが、異なった相において与えられているにすぎない。世界そのものが与えられているという意味では全体的であり、特定の相においてという意味では部分的である。

内在と観念性の世界を立ち上げる思考の操作として考えることを禁ずる。見る者の身体はそれ自身見えるものなのだから、その身体によって、見る者は見えるもののうちに埋め込まれているのであり、〔それゆえ〕見る者は、自分が見ているものを我が物にするのではなく、ただ眼差しによって見ているものに近づくだけであって、見る者は世界に面し、世界に向かって開かれているのである。他方、見る者がその一部をなしている世界の方も、即自*一や物質であるわけではない。私の運動は、延長*二のなかに奇跡的に実現される場所の変化を、主観という隠れ家の奥底から布告するような精神の決意、絶対的作為ではない。私の運動は視覚から自然に生じてきた結果であり、視覚の成熟なのである。物に

（一）即自
「それ自体においてあるもの」という意味。原語は en soi で、英語で言えば、in itself となる。サルトル（Jean-Paul Sartre, 1905-1980 フランスの哲学者、小説家、劇作家）が意識とは異なる事物のあり方を指すものとして用いた。これに対して、意識は「対自（pour soi）」＝「自分自身にとってあるもの」である。補注8参照。

（二）延長
デカルトが主張した物体の本質。デカルトは、精神と物体をそれぞれまったく異なるものとし、精神を思惟実体（res cogitans）、物体を延長実体（res extensa）と呼んだ。『哲学原理』第二部第四節を参照。「物質すなわち普遍的な意味での物体の本性は、堅さや重さや色をもったもの、あるいはそのほかなんらかのしかたで感覚を刺激するものであるということに存するのではなく、長さ・幅・深さの延長を有するものであるということにのみ存する。」（『デカルト』世界の名著、中央公論社、

ついては、物は動かされる、と私は言うが、私の身体は自分を動かす[三]〔動く〕のであり、私の運動は自分を展開する〔広がる〕、と言う。私の身体は自分について無知でなく、自分に対して盲目的でなく、自分から放射するのである……

〔8〕謎は、私の身体が見る者であると同時に見えるものでもあるという点にある。私の身体はあらゆる物を眺めるが、自分をもまた眺めることができるのであり、自分が見ているもの〔自分の身体〕のうちに、自分の見る力の「他面」[四]を認めることができる。私の身体は見ている自分を見、触れている自分に触れる、〔すなわち〕私の身体は、自分自身にとって見えるものであり、感じられうるものである。私の身体は自分であるが、何を思考するにせよ、それを同化吸

一九七八年、三七一頁〕

（三）自分を動かす
普通なら「動く」と訳せば十分だが、原文で再帰代名詞（主語自身を指す代名詞）が使われていることを明示するために、あえて「自分を動かす」とした。フランス語では mon corps se meut で、この se が再帰代名詞である。再帰代名詞とは、英語で言うと、myself、yourself、itself における～ self にあたり、主語自身を指す。再帰性 reflexivity は、まさに reflection、reflex という言葉が示す通り、反射、反映、反省であり、鏡の現象に典型的に現れるものであり、本論のキーポイントなる。

（四）「他面」
見る者としてではなく、他の事物と同様に見えるものとしての自分の身体のこと。フッサールの Gegenüber を訳したもので、邦訳では「対応物」と訳されている（『イデーンII-II』立松弘孝他訳、みすず書房、

収したり、構成したり、思考に変形することしかしないような、そうした思考のように〔自分自身に対して〕透明であることによって自分であるのではなく――見る者と見ているもの、触れる者と触れているもの、感じる者と感じているもの[*一]、その両者の混淆、ナルシシズム、内属[*二]によって自分であるのであり――それゆえ、物たちのあいだに挟まれた自分、前と後ろ〔顔と背中〕、過去と未来をもつ自分なのである……

〔9〕この最初のパラドクスは、他のパラドクスを生み出さずにはおかないだろう。見えるもの、動きうるものとして、私の身体は物の仲間であり、物の一つであり、世界という織物のうちに編み込まれているのであって、〔それゆえ〕

二〇〇九年、四六頁を参照)。

〔一〕見る者と見ているもの……感じる者と感じているもの
「見る者」、「触れる者」、「感じる者」とは、いわゆる主体としての自分の身体であり、これに対して、「見ているもの」、「触れているもの」、「感じているもの」とは、客体（対象）としての自分の身体を指す。

〔二〕内属
元来は、事物とそれが有するさまざまな性質（あり方）との関係を表す言葉。感じるということは、感じられるものとしての身体自身に備わっている性質（あり方）であるということ。そのような性質があるということが、「自分」というものがあるということである。

〔三〕肉
直後の「世界は身体と同じ生地で仕立てられている」という言葉を参照せよ。この「生地」を「肉」と呼んでいる。身体という世界の一

身体の統合とは一個の物の統合である。しかし他方、私の身体は見、動く〔自分を動かす〕のだから、自分の周りにぐるりと物をつなぎとめており、それらの物の方はと言えば、私の身体の付属器官であり延長部分であり、身体の肉*三のなかに嵌《は》め込まれ、身体の十全な定義の一部をなしている*四のであって、〔それゆえ〕世界は身体と同じ生地で仕立てられているのである。こうした逆転し矛盾した言い方は、視覚が物に取り巻かれ、そのただなかで生起するということを言い表すためのものであり、まさにそうした物のただなかにおいてこそ、ある見えるものが見ることをはじめ、あらゆる物を見ることによって自分にとって見えるものとなるのであって、そこでは、まるで結晶における母液のように、

部がそれ自身を感じるとともに、それ自身によって感じられる。また、その部分によって世界の他の部分も感じられるとともに、その部分は世界の他の部分によって感じられる。感覚とは、世界から隔絶した心的世界のなかで行われる私秘的出来事ではなく、世界のなかで、世界自身によって営まれている出来事にほかならない。それゆえ、自分が自分を感じ、自分によって感じられるという反省性（反射性）が、肉の「仕立て」の基本的特性となる。訳者まえがきを参照。また、補注24、26も参照。

（四）身体の十全な定義の一部をなしている　定義とは、英語でdefinitionと言うように、「境界を画すること」、「他と明確に分かつこと」である。それゆえ、身体が物とつながっているならば、物と切り離して、身体の何であるかを明確にすることはできない。

感じる者と感じられるものはずっと不可分のままなのである。

〔10〕この内面性は人間身体の物質的配置に先立つものではないが、かといって物質的配置から生じてくるものでもない。もしも私たちの両眼が自分の身体のどの部分も視野に入ってこないようにできていたとしたら、あるいは、もしも意地悪い仕組みで物には自由に手を伸ばすことができるのに自分の身体には触ることができないようになっていたとしたら――あるいはたんに、もしもある種の動物たちのように、私たちも、顔の横に眼があって両眼の視野が重なることがないとすれば――、自分を振り返ることのないこの身体が自分を感じることはないだろうし、完全には

肉でないような、ほとんどダイヤモンドのようなこの身体[*一]は、人間の身体ではなく、したがって、人間性というものもないだろう。けれども、人間性とは私たちの関節構造や眼の配置による結果として生み出されたものではない（ましてや鏡の存在によってでもない。たとえ私たちに自分の身体全体を見えるものにしてくれるのは鏡だけであるにしても）。こうした偶発事やそれに類した他の事態がなければたしかに人間は存在しないだろうが、かといって、それらをたんに足し合わせても一個の人間が存在するようになるわけではない。身体の諸部分を一つ一つ寄せ集めたからといって身体が生きて動くようになるわけではないし――それにまた、自動人形〔としての身体〕のなかにどこか他から

（一）ダイヤモンドのような
ダイヤモンドはもっとも硬い鉱物である。肉は柔らかく、それゆえ折れ曲がることで自身を振り返り、自身に触れることができる。

精神が降りてくることによって、身体が生きて動くようになるというわけでもない。というのも、そのように精神が降りてくるという考え方もまた、身体それ自身には内部も「自分」もないということを前提としてしまっているからである。人間の身体が〔まさしく人間の身体として〕そこにあるのは、見る者と見えるもの、触れる者と触れられるもの、片方の眼と他方の眼、手と手のあいだである種の交叉が起こり、〈感じ—感じられうるもの〉に火花が散り火が灯ったときであって、その火は、偶然的出来事だけでは十分に作りえなかったものを、身体に起こる偶然的出来事*一が壊してしまうまで燃え続けるのである。

〔11〕ところで、この奇妙な交換システム*二が与えられるや

(一) 身体に起こる偶然的出来事　病気や怪我などのこと。

(二) この奇妙な交換システム　〈感じ—感じられうるもの〉という身体のあり方。

いなや、絵画をめぐる全問題がそこに現れてくる。それらの問題は身体の謎を例証し、〔逆に〕その謎はそれらの問題の根を説明してくれる。というのも、物と私の身体とは同じ生地で仕立てられているのだから、その視覚は何らかの仕方で物のなかで起こるのでなくてはならないし、あるいはまた、「自然は内部にある」とセザンヌが言うように[*三]、表に現れた物の可視性は、身体のなかの隠れた可視性によって二重化されていなくてはならないからである。私たちの前のそこにある性質、光、色、奥行きがまさしくそこにあるのは、それらが私たちの身体のうちに谺《こだま》を呼び覚ますからであり、身体がそれらを迎え入れるからにほかならない。この内的な等価物、〔すなわち〕物が私のうちに呼び起こすそ

(三)「自然は内部にある」とセザンヌが言うように　出典不詳。補注9参照。

れら目の前にある性質や色の肉的〔生身の〕応答様式[*一]が、今度は逆に何らかの描線を呼び起こし、それ自身また目に見えるその描線のうちに、今度はまったく別の眼差しが自ら世界を視察していくための動機を見出していくということがあるのではなかろうか。まさにそのとき、自乗された見えるもの、第一の見えるものの肉的本質[*二]ないし図像が現れる。それはかすれたコピーや、騙し絵、別の物ではない。ラスコーの壁面に描かれた動物たちは、石灰岩の裂け目や隆起がそこにあるように、その壁面にいるわけではない。かといってまた、別の場所にいるわけでもない。いるのはその壁面のほんの少し手前、ほんの少し後ろであって、動物たちは自分たちが巧妙に利用している岩塊に支えられなが

（一）肉的〔生身の〕応答様式
もっとも単純な例を挙げれば、ある種の色は私の肉体にある種の温もりを、別の色は冷たさを感じさせる。そのように、ある対象（の性質）が私の身体に呼び起こす反応の仕方のこと。

（二）肉的本質
具体的な事物のうちに具現されているかぎりでの本質。

ら、その捉え難い舫《もや》い綱＊三を断ち切ることなく、その壁面の辺《あた》りに放射状に広がっているのである。私の眺めている絵がいったいどこにあるのかを言うことは、私にはとても難しいことだろう。というのも、私は物を眺めるように絵を眺めているわけではなく、その絵をその場所に固定したりせず、まるで《存在》の周囲に広がる輪光のなかをさまようように私の眼差しは絵のなかをさまようからであり、私は絵を見ているというよりは、むしろ絵に即して、絵とともに見ているからである。

〔12〕像〔イメージ〕という言葉は評判が悪いが、それは軽率にもデッサンを模写、複写、二次的な物として考え、心像〔メンタルイメージ〕を私たちの私的ガラクタ箱〔心〕のなか

（三）捉え難い舫い綱　舫い綱とは、船を岸や他の船につなぎ止める綱のこと。ここでは動物たちを壁面につなぎ止めている見えないつながりのことを指す。

にある、そうした類のデッサンと考えてきたからである。しかし、実際に像がそうしたものではまったくないとすれば、像と同様に、デッサンも絵も即自に属するものではない。それらは外部の内部であり内部の外部[一]であって、感覚の二重性によって可能にされ、それらなしには、想像的なものの問題全体をなしている「準現前」[二]も「準迫真性」[三]もけっして理解できないようなものなのである。絵や喜劇役者の物真似は、それらを介して不在の散文的[四]事物を志向する〔思い浮かべる〕ために私が現実世界から借りてくるような補助手段ではない。想像的なものは、〔そうした補助手段よりも〕はるかに現実的なものに近く、またはるかに遠いところにある。はるかに近いと言うのは、想像的なものとは、現実

（一）外部の内部であり内部の外部
対象が見る者のうちに引き起こした反応、それこそが対象の本質であり、それは対象の内部であると同時に見る者の内部にあるものでもある。また、その内部を表現したとき、その表現はまさに見る者の内部を外部にしたものであり、対象の内部が外部となったものでもある。補注9も参照せよ。

（二）「準現前」
まるで目の前にあるかのように思えること。

（三）準迫真性
まるで本当に見えているかのようであること。

（四）散文的
通常、「平凡な」、「月並みな」という意味で、「詩的」と対比的に用いられる。ここでは、「想像的」との対比で「現実的」、「実在的」という意味で用いられているが、この後も、日常

的なものが私の身体のうちでどのように生きられているかを表す図解であり、はじめて眼差しの前にさらけ出された現実的なものの果肉、裏側の肉だからであり、ジャコメッティ[*五]が「あらゆる絵画のなかで私の興味を惹くのは、類似である、すなわち、私にとって類似であるものであって、それが私に外部の世界を少しだけ暴いて見せてくれるのだ。[☆1]」と力を込めて語っているのも、まさにこの意味においてである。他方、はるかに遠いと言うのは、絵が類似物であるのはただ身体に従ってのみだからであり、絵は、物たちを構成している諸関係を再考する機会を精神に提供する[*六]のではなく、その諸関係に眼差しがぴたりと寄り添えるように、内部の視覚の痕跡を眼差しに提供し、視覚を内的に織り成

的なものと芸術的なもの（魔術的、神秘的なもの）とを対比させるために、この言葉が随所に出てくる。

（五）ジャコメッティ（Alberto Giacometti, 1901-1966）
スイス出身の彫刻家。極限まで肉を削ぎ落とされ引き延ばされたような細長い人物像を特徴とする。サルトルはそのジャコメッティ論で、現代における実存的人間を表現しているとして高く評価している。

（原注1）
G.CHARBONNIER, *Le Monologue du peintre*, Paris, 1959, p.172.（ジャルボニエ『画家の独白』未邦訳）

（六）物たちを……精神に提供する
次節22段落で詳述されるデカルトによる絵画（図像）の捉え方を指す。

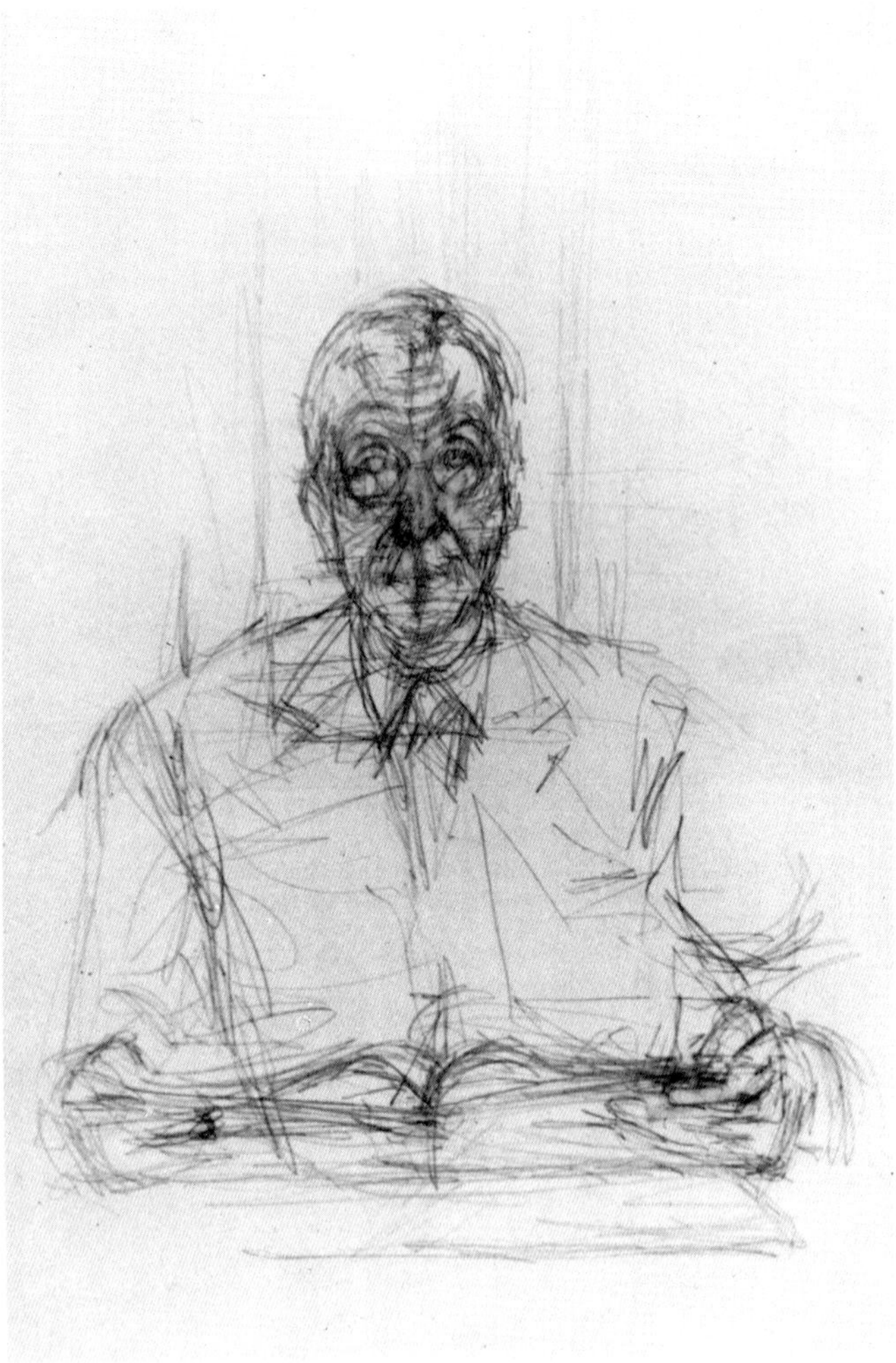

アルベルト・ジャコメッティ『男の肖像』
《Portrait d'Aimé Maeght》© Photo Galerie Maeght, Paris

していること、〔すなわち〕現実的なものの想像的な織地〔テクスチャー〕を視覚に提供するのである。

〔13〕とすれば、外部のメッセージが私たちのうちに掻き立てるざわめきを通してそのメッセージを摑み取る第三の耳というものがあると言われてきたように、内部の眼差し、〔すなわち〕絵や心像さえをも見る第三の眼があるとでも言うべきだろうか。だが、それでどうなると言うのか。というのも、問題はあげて、すでに私たちの肉眼からして、はるかに光や色や線の受容器官以上のものであるということと、すなわち、霊感を授かった人が言葉の賜物*一をもつと言われるように、肉眼とは見えるものの賜物を授かった世界の自動演算装置だということを理解することにあるからで

（一）言葉の賜物
新約聖書に見られるペンテコステ（聖霊降臨）のさいの出来事。十字架に架けられた後イエス・キリストは復活し、昇天するが、その後、集まっていた信徒たちのもとに聖霊が降り、人々が突如、知らぬはずの他国の言葉を話しはじめた。そのようにして授かった言語能力を「言葉の賜物」という。聖書ではこう語られている。「すると突然、天から、激しい風が吹いてくるような響きが起こり、彼らのいた家全体に響き渡った。また、炎のような分かれた舌が現れて、ひとりひとりの上にとどまった。すると、みなが聖霊に満たされ、御霊が話させてくださるとおりに、他国のことばで話しだした。」（『使徒行伝』2.1〜4）

ある。もちろん、この賜物は訓練によって磨かれるべきものので、画家が自分の視覚を我が物とするには数カ月やそこらでできることではないし、それはまた、孤独のうちでなされることでもない。しかし問題はそこではなく、早熟にせよ晩成にせよ、天分にせよ美術館仕込みにせよ、いずれにせよ画家の視覚は見ることによってしか学びえず、視覚そのものからしか学びえないという点にある。眼は世界を見、そして世界が絵となるために世界に欠けているものを見、絵がまさに絵となるためにその絵に欠けているものを見、絵が待ち受けている色をパレットのうえに見、そしていったんできあがると、今度はこれらの欠如すべてに答えてくれている絵を見、さらには他の人たちの絵を見、そこに彼らなりの欠如に対する彼らなりの応答を見る。ある一つの言語、あるいはたんにその語彙や言い回しでさえ、その可能な用法の限定目録を作成することなどできないのと同じように、見えるものの限定目録を作成することなどできはしない。眼という自分で自分を動かす道具、自分で自分の目的を発明する手段、それは世界がもたらすある種の衝撃によって突き動かされてきたものであり、その衝撃を手の痕跡によってふたたび見えるものへと復元するのである。どんな文明に生まれようと、どんな信念、どんな動機、どんな思想、どんな儀礼に取り巻かれていようと、そしてどんなに他の物のためにあるように思われようと、ラスコーから今日にいたるまで、純粋だろうと不純だろうと、具象的であろうとなかろうと、絵画が祝福しているのは、可視性の謎以外の何ものでもないのである。

〔14〕私たちがここで言っていることは分かりきったことでしかない。すなわち、絵画の世界は眼に見える世界であり、見えるもの以上の何ものでもなく、部分的でしかないのに完全なものなのだから、ほとんど狂った世界である、ということである。絵画は、視覚そのものである一つの錯乱を目覚めさせ、それを極限にまで高めるのだが、それというのも、見るとは離れてもつことだからであり、そして《存在》のどんな様相も絵画のなかに入りうるためには何らかの仕方で自らを見えるものにしなくてはならない以上、絵画はこの奇妙な所有[*一]を《存在》の全様相にまで押し広げ

（一）奇妙な所有　「離れてもつ」ということ。

るからである。若きベレンソン[*二]がイタリア絵画に関して触覚的価値の喚起を語ったとき、彼はこれ以上ないほどの間違いを犯したのだ。絵画は何も喚起したりしないし、ましてや触覚的価値を喚起することなどけっしてない。絵画が行うのはまったく別のこと、いや、ほとんど逆のこと、すなわち、絵画は世俗的な視覚[*三]が見えないと信じているものを見える存在にし、「筋肉感覚」抜きに世界の量感性を私たちに感じとらせてくれるのである。この貪欲な視覚は、「視覚的所与」を超えて、《存在》を織り成しているその織地へと通じていくのであって、不連続的な個々の感覚的メッセージはその織地の句読点や句切れにすぎず、人間が自分の家に住むように、眼はその《存在》の織地のうちに住ん

(二) ベレンソン(Bernard G. Berenson, 1865-1959)　リトアニア生まれのアメリカの美術史家、鑑識家。フィレンツェ派の絵画の特質を論じるさいに、「触覚値」という概念を用いた。

(三) 世俗的な視覚　八〇頁の脚注(四)を参照。

でいるのである。

〔15〕狭い、散文的な意味での見えるもののうちにとどまって言うなら、どんな画家も、描いているあいだは視覚についての魔術的理論を実践していると言えよう。画家は、物が彼のうちに移り込んでくるということ、あるいはマルブランシュの皮肉なディレンマ*一に従えば、精神は絶えずその千里眼の焦点を物に合わせているのだから、精神は眼から出て物のなかへ散歩に出かけるということを嫌でも認めなくてはならない。(画家がモチーフをもとに描くのでない場合でも事情はまるで変わらず、いずれにせよ、彼は見たことがあるから描くのであり、少なくとも一度は世界が彼のうちに見えるものの暗号を刻んだことがあるから描くので

(一) マルブランシュの皮肉なディレンマ
マルブランシュ(Nicolas de Malebranche, 1638-1715)の次の一節を参照。「われわれは、太陽や星や、われわれの外にある無数の対象を見るが、心が身体から抜け出して、これらすべての対象を眺めるために天空をいわば散歩しに出かける、ということはありそうにない。だから心は対象をそれ自体によって見ているのではない。たとえば太陽を見ているとき、われわれの精神の直接の対象は太陽ではなく、われわれの心と密接に結ばれた何ものかである。これこそ私が「観念」と呼ぶものである。」(『真理の探究』第三巻第二部第一章、山田弘明『真理の形而上学』世界思想社、二〇〇一年、所収、二五一頁)

(二) ある哲学者が語ったように
ライプニッツの次の一節。「魂の内で起っていることは、神が予定した調和のおかげで、〔…〕外なる事物に対応しているのです。その調和は、各単純実体が自分の本性によって、言わば自分の視点からした全宇宙の凝縮であ

ある。）画家はまた、ある哲学者が語ったように、*二 視覚が宇宙の鏡もしくは凝縮であるということ、あるいは別の哲学者が語ったように、*三 各自の世界（ἴδιος κόσμος）が視覚によって共通世界（κοίνος κόσμος）につながるということ、要するに、同一の物が世界のただなかのそこにあると同時に、視覚のただなかのここにあるということをどうしても認めざるをえない。ここで同一のと言うのは、あるいはそう言いたければ、類似したと言ってもいいが、その類似とは実効的類似性*四 という意味での類似であって、それは、視覚のうちにその存在を生み出す実の親であり、視覚のうちへのその存在の生成、変身なのである。彼方から画家に自分を見させるのは山そのものであり、その山にこそ、画家は眼差

り、生きている鏡であるようにします。」（「クラーク宛ライプニッツ第五の手紙」、八七節、『ライプニッツ著作集』第九巻、工作舎、一九八九年、三七二頁）

ライプニッツ（Gottfried Leibniz, 1646-1716）はドイツの哲学者・数学者。ニュートンと並び、微分法の発見者でもある。

（三）別の哲学者が語ったように

古代ギリシアの哲学者ヘラクレイトス（紀元前五〇〇年頃）が語ったとされる言葉。「目覚めている者たちには共通の一つの世界があるが、眠っている者たちは、それぞれが自分だけの世界へ帰っていく」（『ソクラテス以前哲学者断片集 第一分冊』内山勝利他訳、岩波書店、一九九六年、三三五頁）

（四）実効的類似性

視像と物との関係は、言葉とそれが名指しているものとの関係のような記号的関係ではなく、鏡像と物との関係のように実際に似ているということ。補注10参照。

しによって問いかけるのである。

〔16〕しかし、正確なところ、画家は山に何を求めるのだろうか。それは、私たちの眼下で山がまさに山となるための手段、見えるもの以外の何ものでもない手段を明かしてくれることである。光、照明、影、反射、色、これら画家が探し求めている対象はすべて、完全な現実的存在ではなく、亡霊のように視覚的にしか実在していない。しかもそれらは、世俗的な視覚のうちに入るか入らないかのところにしかなく、普通は見られることがない。画家の眼差しはこれらの対象に、そうした対象がいったいどのように振る舞えば、突如そこに何かがあるようにしうるのか、そしてまた、そうして出現した物が、いったいどのようにして世

界を護持するこの魔除け札[一]を作り上げ、私たちに見えるものを見させるのかを尋ねる。『夜警』[二]のなかで私たちの方を指している手がほかならぬそこにあるのは、まさに隊長の身体のうえに落ちたその影が、その手を同時に横からも私たちに見せるときである。両立不可能であるにもかかわらず一緒になった二つの見えが交差したところに、隊長の空間性が成立しているのである。こうした影やそれに似た他の戯れは、眼があるならば誰でもいつか経験したことがあるだろう。こうした戯れこそが人々に物と空間を見させてきたのである。けれども、その戯れは見る人たちがいなくても、それらの物や空間のうちで働いていたのであり、「ただ」物を示すために自らの姿を隠していたのだ。物を見る

（一）世界を護持するこの魔除け札
絵のこと。絵画が画布のうえに世界を出現させ、世界をそこに封印する魔術という意味。補注11参照。

（二）『夜警』
レンブラント（Rembrandt Harmensz. van Rijn, 1606-1669 オランダの画家）の一六四二年の作品。隊長の手は真っ直ぐこちらに突き出されているために、その長さは分からない。影によってはじめて長さが分かる。正面からの視線と横からの視線、それを同時に描き込むことで奥行きを生み出している。

レンブラント・ハルメンス・ファン・レイン『夜警』（部分）1642 年

ためには、その戯れを見てはならなかったのである。世俗的な意味での見えるものは己れの前提を忘れているのであり、それは、再創造され、そうすることで見えるもののうちに捕われていた亡霊を解き放つ、一つの全体的可視性に支えられているのである。周知のように、近代絵画はその他の多くの亡霊たちを解放し、私たちが見る手段として用いている公認の音階に、多くの無音の音符を付け加えてきた。しかしいずれにせよ、私たちの身体のなかで物が熱気を帯びて生まれてくるその秘かな生成を、絵画の問いかけは目指しているのである。

〔17〕とすると、その問いかけは、学校の先生がする質問のような、知らない人に対する知っている人の質問ではな

い。それはすべてを知っている視覚に対して、それを知らない人が行う質問であり、それは私たちが行うのでなく、私たちのうちでおのずから行われるものである。マックス・エルンスト[*一]（およびシュルレアリスム[*二]）が言っていることは正鵠を射ている。「有名な見者の手紙[*三]以来、詩人のなかでおのずから考えられ、おのずから語られるものの命ずるままに書くことが詩人の役割となったように、画家の役割は、彼のうちでおのずから見られるものを見分け投影することにあるのです。[☆2]」画家は幻惑のうちに生きている。彼にもっとも固有な行為――それは彼だけにできる所作や描線であり、他の人たちは彼と同じ欠如を抱いていないのだから、他の人たちにとってその所作や描線は啓示となるだろう――

（一）マックス・エルンスト（Max Ernst, 1891-1976）
ドイツ生まれの画家、彫刻家。後フランスに帰化。シュルレアリスムの代表的画家。

（二）シュルレアリスム
ダダイスムやフロイトの無意識理論の影響のもと、一九二四年アンドレ・ブルトンによる『シュルレアリスム宣言』によってはじまった文学・芸術思潮。オートマティズム（自動記述）、デペイズマン（思いがけない組み合わせ）、コラージュなどを特色とする。

（三）見者の手紙
ランボー（Arthur Rimbaud, 1854-1891 フランスの詩人）が書いた手紙のこと。いわく、「見者であらねばならぬ、自分を見者たらしめねばならぬ、とぼくは言うのです。／詩人は、あらゆる感覚の、長い間の、大がかりな、そして合理的な狂乱化を通して、見者になるのです。」より詳しくは、補注12を参照。

が、まるで星座の図柄がそうであるように、〔自分からではなく〕物そのものから出てくるように彼には思われる。画家と見えるもののあいだで、その役割は不可避的に逆転するのだ。物が自分たちの方を見ているのだと多くの画家が語ってきたのもそのためだし、クレー*四に続いてアンドレ・マルシャン*五が次のように語っているのもそうである。「森のなかで私は幾度となく、森を見ているのは私ではないという感覚を抱きました。木々こそが私を眺め、私に語りかけてくるのだという感覚を抱いたことが幾日もありました……。私はと言えば、そこにいて、耳を傾けていました……。私が思うに、画家は宇宙に貫かれるべきであり、宇宙を貫こうと願うべきではありません……。私は内的に沈められ埋

（原注2）
G.CHARBONNIER, *Le Monologue du peintre*, Paris, 1959, p.34（シャルボニエ『画家の独白』未邦訳）

（四）クレー（Paul Klee, 1879-1940）
スイス生まれの画家。ドイツのミュンヘンで学び、カンディンスキーらの「青騎士」サークルに参加。後バウハウスで教鞭をとる。初期は線描による風刺的な人物画を多く描いたが、一九一四年のチュニジア旅行を機に色彩に目覚め、同時にこの頃から抽象画も手がけはじめる。具象とも抽象ともつかない、詩的、幻想的、記号的な作品を数多く残している。

（五）アンドレ・マルシャン（André Marchand, 1907-1998）
フランス、エクス＝アン＝プロヴァンス生まれの画家。サロン・ド・メの主要画家。人物を描いたものも多いが、好んでプロヴァンスやブルゴーニュの森と植物を描いた。

められるのを待ち受けているのです。おそらく私は浮かび上がるために描いているのです。☆3」インスピレーション〔霊感=吸気〕と呼ばれているものは、文字通りに受け取られるべきだろう。まさに《存在》のインスピレーションとイクスピレーション〔呼気〕、《存在》のうちでのレスピレーション〔呼吸〕というものがあるのであって、ここでは能動と受動はほとんど見分け難く、もはや誰が見、誰が見られているのか、誰が描き、誰が描かれているのか分からないほどである。母の身体の奥深くで潜在的にしか見えなかったものが、私たちにとっても自分自身にとっても同時に見えるものになった瞬間に、一人の人間が生まれたと人々は言う。とすれば、画家の視覚とは、いまなお継続中の誕生なのだ。

◀アンドレ・マルシャン『松』一九二四年

（原注3）
G.CHARBONNIER, *Le Monologue du peintre*, Paris, 1959, pp.143-145.（シャルボニエ『画家の独白』未邦訳）

〔18〕絵そのもののなかに、視覚に関する具象的哲学、いわばその図像学とでも呼ぶべきものを求めることができるだろう。たとえばオランダ絵画で（そしてそれ以外でも）しばしば誰もいない室内が「鏡の丸い眼」☆4に「食べつくされて」いるのが見られるのは偶然ではない。この人間以前の眼差しは、画家の眼差しの象徴である。鏡像は、光や影や反射〔反映〕よりもより完全なかたちで、物たちのなかですでに視覚が芽生えはじめていることを示している。道具や記号といった他のあらゆる技術的対象と同じように、鏡は見る身体から見える身体への開かれた回路のうえに出現してきた。どんな技術も「身体の技術」なのだ。技術は私たちの肉の形而上学的構造*一を具象化し増幅させる。鏡は、私が

（原注4）
CLAUDEL, *Introduction à la peinture hollandaise*, Paris, 1935, rééd.1946.（クローデル「オランダ絵画序説」（『闇を熔かして訪れる影』渡辺守章訳、朝日出版社、一九八〇年、所収）〔補注11参照〕

（一）肉の形而上学的構造
私の身体が感じる者であると同時に感じられるものであるということ。たとえば箸は手の延長であり、そのかぎりで、たんなる木の棒として感じられるだけのものでなく、感じる者（の一部）となっている。箸先でまさに食べ物に触れ、その固さや柔らかさを感じとる。

〈見える―見る者〉であるがゆえに、〔すなわち〕感覚しうるものの反省性〔反映性・反射性〕があるがゆえに姿を表すのであって、鏡はその反省性を翻訳し、繰り返しているのである。鏡によって私の外部は完成され、私のもっとも密かな部分〔自分の顔〕がまるごとこの〔鏡に映った〕顔のなかに、〔すなわち〕すでに水のなかの私の反映が気づかせてくれていたこの閉じた平たい存在〔鏡面〕のなかに移行する。シルダーによれば、☆5 鏡の前でパイプをくゆらせていると、木のなめらかで燃えるように熱い表面を実際に自分の指先があるそこにおいてだけでなく、〔鏡のなかの〕きらきらと光る指先、鏡の奥底にあるたんに見えるだけの指先のなかにも感じるという。鏡のなかの亡霊は私の肉を外に連れ出し、それと

〔原注5〕
P.SCHILDER, *The Image and appearance of the human body*, New York, 1935, rééd. 1950.（シルダー『身体の心理学――身体のイメージとその現象』（抄訳）秋本辰雄、秋山俊夫訳、星和書店、一九八七年）〔シルダー（Paul Ferdinand Schilder, 1886-1940）はウィーン生まれの精神科医、精神分析家。「身体像」という概念の提唱者。〕

（一）私の実体
伝統的には、実体とは当の事物をまさにその事物として成り立たせているものであり、人間の場合ならば、魂あるいは精神こそが実体であるが、ここではデカルト的な心身二元論に立った意味での魂ではなく、むしろ、私が感じうるものであると同時に感じる者であるということとそのことを指すと考えられる。第5段落および補注6の「実体変化」も参照。この箇所に類した表現としては、『見えるものと見えないもの』に次の一節が見られる。「狂人や動物と同様、諸物は、ほぼ仲間に、

同時に、私の身体のまったく見えない部分が、私が見ている他の身体〔と同じような姿形〕をまとうことになる。それ以後、私の実体[*一]が他者のなかに移入するように、私の身体は他者の身体から取ってこられた部位をもちうるようになるのであって、〔つまり〕人間は人間にとって鏡なのだ。鏡について言うなら、鏡とは物を光景に変え、光景を物に、私を他者に、他者を私に変える万能魔術の道具なのである。画家たちはしばしば鏡について夢想を繰り広げてきたが、それというのも、遠近法のトリックのように、この「機械的トリック」のもとに[☆6]彼らは見る者と見えるものの相互変身を認めたからであって、その相互変身こそが私たちの肉の定義であり、また画家たちの天職の定義をなしているので

準ずるものなのだ。それらは、私の実質〔＝実体〕から抽き出されたものであり、私の肉に刺さった棘である。」（『見えるものと見えざるもの』中島盛夫監訳、法政大学出版局、一九九四年、二九四頁）

（原注6）
Robert DELAUNAY, *Du cubisme à l'art abstrait*, cahiers publiés par Pierre Francastel, Paris, 1957.（ドローネー『キュビスムから抽象芸術へ』未邦訳）

ある。画家たちが、しばしば好んで絵を描いている最中の自分たち自身の姿を描いてきたのも（マティス*一のデッサンに見られるように、いまなおそうである）そのためであって、そのさい彼らは、まるでその外部には何も残らず、すべてが彼ら自身のうえで閉じてしまう全体的な視覚ないし絶対的な視覚があることを証明しようとするかのように、自分たちが見ているものに加えて、物たちの方から見えている自分たち自身を描き加えるのである。こうしたオカルト的秘術や、そうした秘術が調合し作り出す媚薬や偶像を、いったいどのように名づけ、悟性の世界*二のどこに位置づけたらよいのだろうか。『嘔吐*三』が語っている何年も前に死んでしまった君主の微笑み、いまなおカンヴァスの表面に

（一）マティス（Henri Matisse, 1869-1954）
フランスの画家。フォーヴィスムの代表的存在。ゴッホ、ゴーガン、セザンヌ等の影響を受け、大胆な色彩表現を特徴とする。

（二）悟性の世界
合理的世界。自然科学によって記述され尽くされうるような世界。

（三）『嘔吐』
サルトルが一九三八年に発表した小説。『実存主義とは何か』と並んで、サルトルの実存主義をもっともよく表している代表的著作。

現れ再現され続けている微笑みについて、それは像や本質としてそこにあると言うだけではあまりにも舌足らずだろう。むしろ、私が絵を見るや、その微笑みはかつてもっとも生き生きとした姿であったとおりに、それ自身まさにそこにあるのである。セザンヌが描こうとしていた「世界の瞬間」*四、それははるか昔のものとなったが、彼の描いたカンヴァスは私たちに向けてその瞬間をずっと突きつけ続けている。彼のサント・ヴィクトワール山は、エクスに聳える硬い岩に覆われているのとは別なふうに、しかしそれに劣らず力強く、世界中いたるところで現れ、再現され続けているのである。絵画は肉的本質からなる夢想的世界、無言のままに意味する力をもった実効的類似からなる夢想的世界を

(四)「世界の瞬間」
ガスケ『セザンヌ』與謝野文子訳、岩波文庫、二二四頁。原著一二七頁。補注1参照。

ポール・セザンヌ『サント・ヴィクトワール山』1900-1902年　水彩画

展開することで、本質と事実存在、想像的なものと現実的なもの、見えるものと見えないものといった私たちのカテゴリーすべてをかき混ぜてしまうのである。

Ⅲ

〔19〕もしもこれらの幽霊[*一]を祓い除け、曖昧さなき世界の余白に漂う幻覚や対象なき知覚にしてしまうことができるなら、私たちの哲学において、すべてはどんなに明快になることだろうか。デカルトの『屈折光学』[*二]は、まさにそうした試みであった。それはもはや見えるものに憑依しようとは望まず、自ら考え出したモデルにしたがって見えるものを再構築しようと決意した思考の経典なのである。その試みがどういうものであり、またその失敗がどういうものであったのか、思い起こしておく価値はあるだろう。

（一）幽霊
原語はspectres。光学用語としては「スペクトル」である。周知のように太陽光をプリズムにかけると連続して変化する色の帯が出現する。日常的知覚は白しか見ないが、その白は色の無ではなく、多様な色から成り立つ。白い太陽光に対して個々の色を幽霊と言うなら、現実とは幽霊から成り立っている。第12段落の「現実的なものの想像的な織地」という表現を参照。

（二）『屈折光学』
デカルトが一六三七年に出した著作の一部。著作のフルタイトルは、『自らの理性を正しく導き、諸学問において真理を探求するための「方法序説」およびその「方法」の試みである「屈折光学」、「気象学」、「幾何学」』という。有名な『方法序説』はこの著作の一部である。『屈折光学』は、科学史的にはスネルの法則（一六二一年）として知られる屈折の法則を論じた著作として有名だが、はたしてデカルトがスネル（1580-1626）と独立に

〔20〕それゆえ、〔ここには〕視覚に寄り添おうという気持ちはまるで見られない。問題は「いかにして視覚は成立するのか」ということだが、それはただ、必要なさいに視覚を矯正してくれるような「人工器官」[☆7]を発明するのに必要な範囲においてでしかない。ここでは私たちが見ている光についてというよりも、外部から私たちの眼のなかに入ってきて視覚をコントロールする光について考察がなされることになるだろうし、その考察も、光の既知の特性を説明し、そこから他の特性を演繹することを可能にしてくれるような仕方で「光を理解する助けとなる二、三の比較」を行うにとどまることになるだろう。[☆8]とすれば、最善の道は、盲人の杖に物が及ぼす作用のような、そうした接触による作用

この法則を発見したのか、それともスネルの発見を知っていてあえて黙していた（盗用した？）のかについては議論がある。

（原注7）
DESCARTES, *Dioptrique*, Discours VII, édition Adam et Tannery, VI, p.165.（デカルト「屈折光学」第七講、『デカルト著作集』第一巻、白水社、二〇〇一年、一六九頁）〔ここで「人工器官」とは、眼鏡や望遠鏡のことを指す。補注13参照。〕

（原注8）
DESCARTES, *Dioptrique*, Discours I, édition Adam et Tannery, VI, p.83.（デカルト「屈折光学」第一講、『デカルト著作集』第一巻、白水社、二〇〇一年、一一四頁）

として光を考察してみることである。盲人たちは「手で見る」☆9とデカルトは言う。視覚についてデカルトが採用するモデル、それは触覚なのである。

〔21〕このモデルは私たちをただちに遠隔作用から、そして、そこにこそ視覚の困難（と同時にその力）のすべてがかかっているあの遍在性*一から解放してくれる。いまやなぜ反映や鏡について夢想を繰り広げる必要があろうか。これらの非現実的な分身は物の一変種であり、ボールの跳ね返りのような現実的作用の結果である。反映が物そのものに類似しているのは、物とほとんど同じような仕方で反映が眼に作用を及ぼすからである。反映は眼を欺き、対象なき知覚を引き起こすが、それは私たちの世界観を脅かすもの

（原注9）
同上、p.84.（一一五頁）

（一）あの遍在性
第15段落の「同一の物が世界のただなかの、そこにあると同時に、視覚のただなかのここにあるということ」を参照。

ではない。世界のなかには物そのものがあり、そしてそれ以外に、反射された光線という別の物があって、それが最初の物そのものと規則的な対応関係をもつ。つまり、二つの個体があって、因果関係によって外的に結びついているのである。物と鏡像との類似〔という呼び方〕は、その物と鏡像にとっては外からとってつけた呼び方でしかなく、そう呼ぶのは思考なのである。類似というぼんやりとした関係は、物のなかでは投影という明瞭な関係にある。デカルト主義者は鏡のなかに自分を見ることはなく、彼が見るのはマネキン*二であり「外面」であって、彼は至極当然のように、他の人たちもまたその外面を同様の仕方で見ると考えているが、しかしその外面は、他の人たちにとっても彼にとっ

（二）マネキン
デカルトは『省察』で、蜜蠟を例に挙げ、その認識がどうやってなされるかを論じているが、そのさい、私たちがふつうそれを眼の働きによって認識していると考えていることは間違っているとして、次のように語っている。「〔…〕たまたま私はいま、通りを行く人々を窓越しにながめる。そして、蜜蠟の場合と同じく習慣によって、人間そのものを見るという。しかし私が見るのは、帽子と衣服だけではないか、その下には自動機械が隠れているかもしれないではないか。けれども私は、それは人間である、と判断している。同じように私は、眼で見るのだと思っていたものをも、私の精神のうちにある判断の能力によってのみ理解しているわけなのである。」（『デカルト』世界の名著、中央公論社、一九七八年、二五二頁）

ても生身の肉体ではない。鏡のなかの彼の「像」は、物のあいだで働いているメカニズムの結果であり、その像を彼が自分と認め、その像を「類似している」と見るとすれば、そのつながりをつけるのは彼の思考であって、鏡像は彼に由来するものではまったくないのである。
〔22〕もはや図像に力はない。銅版画がどれほど生き生きと森や町や人間や戦争や嵐を「私たちに再現」しようと、銅版画はそれらに類似しているわけではなく、それは紙のうえのあちらこちらに置かれたわずかなインクにすぎない。物からその形を摑み出そうとするやいなや、形は単一面上で平らにされ変形されてしまうが、対象を再現するためには変形――四角は菱形へ、円は楕円へ――されねばならな

いのである。銅版画が対象の「像」であるのは、「対象に類似していない」[☆10]という条件においてのみである。類似によってでないとすれば、銅版画はいったいどのように作用するのか。それは、「いかなる点でもそれらが意味する物に類似していない」[☆11]記号や言葉がそうするように、「概念的に把握する」よう「私たちの思考を刺激する」ことによってである。版画が与えてくれるのは物の観念を形成するための十分な指標、曖昧さなき「手段」であって、その観念は図像から生じてくるのではなく、図像を「機会」[*一]として私たちのうちに生まれてくるのである。もしも絵の力のすべてが、読解するよう私たちに提示されたテキストの力でしかなく、そこに見る者と見えるものとのいかなる混在もな

（原注10）DESCARTES, *Dioptrique*, Discours IV, édition Adam et Tannery, VI, pp.112-114.（デカルト「屈折光学」第四講、『デカルト著作集』第一巻、白水社、二〇〇一年、一三六〜一三七頁）

（原注11）同上。

（一）「機会」第15段落の「実効的類似性」及び補注10を参照。

いならば、志向的形象[*一]という魔術、鏡と絵によって不可欠と信じられてきた実効的類似という古来の観念は、その最後の論拠を失う。私たちはもはや、いかにして身体のなかにある物の絵画[*二]が、それらの物を魂に感じさせるのかを理解しようなどという土台無理な試みからは解放されているのであって、それが土台無理だと言うのは、そうなるとさらに今度はその〔脳内の〕絵画と物との類似が見られる必要が生じ、「その類似を認知するためには私たちの脳内に別の眼[☆12]」が必要となってきて、結局、物と私たちのあいだを飛び交うシミュラークル[*三]〔模像〕のようなものを想定するかぎり、視覚の問題はまるごと取り残されてしまうからである。銅版画と同様に、光が私たちの眼のなかに、そしてさ

（一）志向的形象
物体の表面から剥離し、空中を飛んで眼に到来する小さな像のこと。それによって視覚が可能になると考えられていた。補注14参照。

（二）身体のなかにある物の絵画
脳内に描かれると考えられていた表象像のこと。想像（imaginatio）とは、元来、脳内のこの特定の部位のことをいう。そして、ここに描かれた像がイメージ（image）であって、現代のようにイメージは心的なものではなく、身体的（物体的）なものと考えられていた。

（原注12）
DESCARTES, *Dioptrique*, Discours VI, édition Adam et Tannery, VI, p.130.（デカルト「屈折光学」第六講、『デカルト著作集』第一巻、白水社、二〇〇一年、一四七頁）

（三）シミュラークル〔模像〕
先の「志向的形象」のこと。

らにそこから私たちの脳のなかに描くものは、見える世界に類似してはいないのだ。物から眼へ、眼から視覚へのあいだで起こっていることは、物から盲人の手へ、その手から彼の思考へのあいだで起こっていること以上の何ものでもない。視覚とは、視覚〔視像〕への物自体の変身ではないし、大きな〔外部〕世界と小さな私的世界への物の二重の帰属でもない。身体のなかに与えられた記号を厳密に解読するのは思考である。類似は知覚の結果であって、知覚を動かす隠れた力ではない。ましてや心像、〔すなわち〕不在のものを現前させる千里眼は、《存在》の核心へと向かう通路のようなものではまったくなく、それもまた、身体的指標に支えられた思考であり、ただし今度は、それらの指標が意味している以上のものを思考が語らせる、不十分な指標なのである。アナロジーからなる夢想的世界はもうどこにも残されていない……

〔23〕これらの有名な分析で私たちに興味深い点は、絵画に関するどんな理論も一つの形而上学であるということを感じさせてくれる点である。デカルトは絵画について多くを語らなかったし、彼がわずか二頁ほどで銅版画について語っていることをここで引き合いに出すのは不当に思われるかもしれない。けれども、行きずりにしか語っていないとしたら、そのこと自体意味深いことで、要するに彼にとって絵画は、存在への私たちの接近を定義するのに役立つ中心的な活動ではなく、正式には知的所有と明証性によって

定義される思考の一様態、一変型にすぎないのである。ごくわずかしか絵画について語っていないということのうちに現れているのは、まさに彼のこうした思想選択であって、もしも絵画をより注意深く研究したならば、そこには別の哲学が描かれていたはずである。同様にまた、「絵」について語らなければならないときに、彼がデッサンをその典型と見ていることも意味深い。後で見るように、個々の表現手段のうちには絵画全体が現れているのであり、一枚のデッサン、一本の線のうちに、そのありとあらゆる斬新さが含まれているということがある。しかしデカルトが好んだ銅版画は、対象の形をよく保持しているような、あるいは少なくとも、対象の十分な記号を私たちに与えてくれるような銅版画であった。そうした銅版画が対象を提示するのは、対象の外面もしくは外皮によってである。もしも彼が第二性質、*一とりわけ色が私たちに与えてくれる、もう一つのより深いところにある物へのこの入り口を探査していたならば、第二性質と物の真の特性とのあいだに規則的関係や投影関係はないのだから、そしてそれにもかかわらず第二性質が伝えるメッセージは私たちによって理解されるのだから、彼は概念なき普遍性、物への概念なき入り口という問題に直面し、いかにして色の漠たるさざめきが私たちのまえに物や森や嵐を、そしてついには世界を提示することになるのか探求せざるをえなかっただろうし、そしておそらくは、遠近法をより豊かな存在論的能力の個別事

（一）第二性質　形や大きさや運動といった物自体に備わっていると考えられる性質（第一次性質）に対して、色、音、香り、味など、物が感覚に与える何らかの作用によって私たちの心のうちに生じる性質のこと。補注15参照。

例として統合せざるをえなかったことだろう。けれども彼にとって、色が装飾であり、うわべだけの彩であること、絵画の力はひとえにデッサンの力に依拠し、デッサンの力はまさに遠近法的投影が教えるデッサンと空間自体とのあいだに実在する規則的関係に依拠していることは自明なことであった。絵画の浅薄さについてパスカルが語った有名な言葉、絵画は私たちに像を与えてくれるがその原物には触れさせてくれないという言葉は、*二デカルト主義者の言葉である。実在の物しか描きえないこと、物の実在とは延長していることであること、デッサンは延長の表象を可能にすることによって絵画を可能にするのだということ、こうしたことはデカルトにとって自明のことであった。とする

（二）パスカルが語った……という言葉
パスカルの遺稿集『パンセ』の断章（断章番号ブランシュビック版一三四、ラフュマ版四〇）。「絵画とは、なんとむなしいものだろう。原物には感心しないのに、それに似ているといって感心されるとは。」（『パスカル』世界の名著、中央公論社、一九七八年、一二〇頁）
パスカル（Blaise Pascal, 1623-1662）は、フランスの哲学者・数学者。パスカルとデカルトとの関係については補注16参照。

と絵画とは、物が私たちの眼に描き込むだろうような投影図、そしてまた普段の知覚において実際に物が私たちの眼に描き込んでいる投影図、そうした投影図に類似した投影図を私たちの眼に提示する技巧にすぎないことになる。それは、実物がないのにふだん実物が見えているとおりに見させる技巧、またとりわけ、空間のないところに空間を見させる技巧にすぎない。[☆13] 絵は高さと横幅だけを使って、絵に欠けている次元〔奥行き〕を十分に判別しうる記号を私たちに与えるのだから、絵とは「さまざまな高さに配置された」物を前にしたときに私たちが見るものを技巧的に私たちに与えてくれる平らな物なのである。奥行きとは、他の二つの次元から派生した第三の次元なのである。

〔原注13〕
絵画が私たちにものを見させる手段の体系は、科学の対象である。実在する言語に見られる混乱したあらゆる関係から普遍的言語が私たちを解放してくれるように、世界の完全な像を、すなわち、個人的技術から解放された普遍的絵画を私たちが方法的に生み出すことがないのはどうしてだろうか。

〔24〕ここで立ち止まって、奥行きというものに注目しておこう。その価値は十分にあるだろう。奥行きには一見逆説的なところがある。すなわち、私は互いを隠し合っている諸対象を見ているのだが、そうすると、それらの対象は互いの背後にあるのだから、私はそれらの対象を見ていないことにもなるわけである。私は奥行きを見ているのに、奥行きは見えるものではない。なぜなら、奥行きは私たちの身体から物へ〔の間として〕見積もられるが、私たちは自分の身体にぴったりと貼り付けられたままだからである……。この謎は見せかけの謎であり、私は本当に奥行きを見ているのではないし、もし見ているとすれば、それは〔奥行きではなく〕もう一つの横幅なのだ。私の眼と地平線を結ぶ線上

の一番手前の面は他の面を永久に隠し続けているのに、間隔をおいて並んでいる対象を斜めから見ているように思うのは、それらの対象が完全には隠し合っていないからである。つまり、別途に見積もられた横幅にしたがって、それらの対象をそれぞれ互いの外部にあるものとして見ているのである。人はつねに奥行きの手前にいるか、さもなくば彼方にいるのだ。物が互いの背後にあるということはけっしてない。物の重なり合いや隠し合いは物の定義には含まれていないもので、それらはただ、私の身体という一つの物と私との不可思議な一体性を表現しているにすぎず、そこに何か積極的な意味があるとすれば、それは、重なり合いや隠し合いが私の形成する観念であり、物の属性ではないということである。つまり、この同じ瞬間に別の人が別の場所にいれば、その人――あるいはむしろ、遍在する神と言った方がいいだろう――は、物たちの隠れた内部まで見通すことができるだろうし、それらを眼の前に展開された姿で見るだろうということを私が知っているということである。私が奥行きと呼んでいるものは何ものでもないか、さもなくば、ある無制約的な《存在》に私が関わっているということ、そして何よりもまず、あらゆる視点を超えた空間存在に私が関わっているということである。[*一] 物は互いの外部にあるがゆえに互いに重なり合う。その証拠に、私は絵を眺めることで奥行きを見ることができるが、誰もが認めるように、絵に奥行きはなく、絵は私に錯覚〔イリュー

（一）あらゆる視点を超えた……である。身体をもった存在であるかぎりでは、私はその時々の視点から離れることはできないが、思考の上ではいわゆる絶対空間を想定し、そのなかの相互の位置関係として事物相互の関係を考えることができるということ。

ジョン〕を抱かせ、そこにイリュージョン〔奥行き〕を見させるのである……。私に別の次元を見させるこの二次元の存在、それは穴のあいた存在、ルネサンスの人たちが言ったように、窓である……。しかし結局のところ、窓がそこに向けて開け放たれているのは部分外部分*一(partes extra partes)、〔すなわち〕たんに別の側面から見られただけの高さと横幅、《存在》の絶対的肯定性にすぎないのである。

〔25〕この隠れた内部をもたない空間、あらゆる点においてそれ自身以上でも以下でもなく、ただそれ自身であるがままの空間、《存在》のこの同一性こそが〔デカルトによる〕銅版画の分析を支えているものである。空間は即自的である、あるいはむしろ、空間こそ即自の典型であり、即自的であ

（一）部分外部分
空間を定義する中世以来の用語。デカルトもまたこれを空間＝物体の主要な特徴として捉えている。二つの物が同時に同じ空間を占めることはない。空間、つまり広がっているということは、物（の部分）どうしが互いに外在的であるということである。

るということが空間の定義なのである。空間の各点は、ある点はここ、ある点はそこにおいて、それが位置するところにあり、またそれが位置するところにあると思考されるのであって、空間とは、どこの明証性*二なのである。方向や極性や包含は、私の現前と結びついた、空間における派生現象である。空間自体は絶対的にそれ自体のうちにあり、どこにおいてもそれ自身と等しく、同質的であって、次元を例にとるなら、諸次元は定義上置換可能なのである。

〔26〕古典的存在論*三がどれもそうであるように、この存在論もまた、諸存在のいくつかの特性を《存在》の構造そのものに昇格させており、この点でそれは真でもあれば偽でもある。ライプニッツの言葉をひっくり返して言えば*四、否

(二) どこの明証性
第35段落を参照。空間について、それが「どこにあるのか」と問うことはできない。「どこ」という問い自体が、空間があるということを自明のこととして前提にしている。

(三) 古典的存在論
デカルトからスピノザ、ライプニッツなど一七世紀から一八世紀にかけての存在論のこと。他方、一九世紀末から二〇世紀初頭にかけて、一方では自然科学の新たな展開と、他方では世界大戦に象徴される西洋文明自体への懐疑と危機感を背景として、カント以降認識論へと傾いていた思想の流れがふたたび存在論へと向かいはじめる。ニコライ・ハルトマン、マルティン・ハイデガー、サルトル、そしてメルロ＝ポンティ自身がその代表である。

(四) ライプニッツの言葉をひっくり返して言えば
おそらくライプニッツの『第一真理』と

定している点においては真であり、肯定している点においては偽である、*一と言うことができるだろう。デカルトの空間は、経験的なものに隷属し構築を試みない思考に反対している点で正しい。私たちがやがて構築の限界を見出し、動物が四本脚や二本脚であるように、空間が三次元であったりそれより多かったり少なかったりするわけではないということを理解できるようになるためには、〔すなわち〕諸次元が、どの次元によっても完全には表現されることなくすべての次元を正当化する一つの次元性、一つの多形的《存在》からさまざまな計測法によって抽出されたものであることを理解できるようになるためには、まずもって空間を理念化し、明晰で操作可能で同質的な、その類において完

いう小論の冒頭の一節、「第一真理とは、自分について自分自身を肯定するもの、または自分の反対を否定するもののことである。」という一節を念頭に置いたものと考えられる。("primae veritates", *Opuscules Et Fragments Inédits de Leibniz*, éd., par L.Couturat, Paris, 1903, pp.518-523.)

（一）否定している点においては……偽である　「否定している」つまり、何かについて、それが「何でないかを語る」という点においては真であるが、「肯定している」つまり、それが「何であるかを語る」という点については偽であるということ。

全なこの存在[*二]を構想する必要があったのであり、その存在とは、思考が視点抜きに俯瞰し、三本の直交軸からなる座標のうちに完全に移し入れられるような存在であった。空間を解放した点でデカルトは正しかった。彼の過ちは、その空間を、いかなる真の厚みももたず、あらゆる視点、あらゆる隠し合い、あらゆる奥行きを超えた、肯定性のみからなる存在に昇格させてしまった点にあったのである。

〔27〕同様に、デカルトがその着想をルネサンスの遠近法の諸技法から汲んできたことも正しいことであった。実際、それらの技法のおかげで絵画は奥行きの経験を自由に生み出すことができるようになったし、一般的に言って、《存在》を自由に提示できるようになったと言えよう。それ

（二）その類において完全なこの存在　空間のこと。「その類において」とは、ここでは、「延長＝広がりをもつ」という点においてということであり、「完全な」とは、否定性を欠いているということ、すなわち、「〜でない」ということがない、ということを意味する。どこまでも均質に広がった純粋空間、ニュートンが後に想定するような、絶対空間のことを考えればよいだろう。そうした空間においては、ここそこで空間自体の広がり方が異なることはない。もしそうした差異があるとすれば、一方にある性質が他方には欠けているということになって、「ない」という否定性をもつことになる。

らの技法に間違いがあったとすれば、ただ自分たちの技法が絵画の探求と歴史に終止符を打ち、厳密かつ無謬《むびゅう》なる絵画を基礎づけたと主張する場合のみである。ルネサンスの人々に関してパノフスキー*一が示したように、☆14遠近法の諸技法に対するこの熱狂ぶりに欺瞞がなかったわけではない。理論家たちは古代人たちの球状視野、〔すなわち〕見かけの大きさを距離ではなく、私たちが対象を見るさいの角度に結びつける角遠近法を忘れ去ろうと試み、それを軽蔑的に自然的遠近法もしくは一般的遠近法と呼んで貶《おとし》めた。そしてその代わりに、原理上厳密な構築を基礎づけうる人工的遠近法を持ち上げ、この神話を信じさせようとユークリッドを改竄《かいざん》し、彼らを悩ましていた第八定理*二を自分たちの翻訳

（一）パノフスキー（Erwin Panofsky, 1892-1968）
ドイツ出身の美術史家。デューラーを中心とした北方ルネサンス研究および精神史的背景から美術を捉えるイコノロジー（図像解釈学）の提唱者として著名。代表作に『象徴形式としての遠近法』、『イデア』、『イコノロジー研究』、『ゴシック建築とスコラ学』等。

（原注14）
E. PANOFSKY, *Die Perspektive als symbolische Form*, dans *Vorträge der Bibliotek Warburg*, IV(1924-1925).（パノフスキー『〈象徴形式〉としての遠近法』木田元監訳、哲学書房、一九九三年）

から削除するにまで及んだ。画家たちはと言えば、彼らは経験上、遠近法のどんな技法も厳密な解決などではないということ、また、あらゆる点で実在世界に忠実で、絵画の根本法則になりうる実在世界の投影などないということ、そして線遠近法は到達点であるどころか、むしろ絵画に複数の道を開くものであるということを知っていた。たとえばイタリアの画家たちには対象表象が見られるのに対して、北方の画家たちには高空間、近空間、斜空間が見られるように……。[三] それゆえデカルトが信じたように、平面への投影がつねに私たちの思考を促して物の真の形を見出させようとするわけではなく、変形が一定の度を超えると、投影は逆に私たちの視点の方に眼を向けさせるのであり、物自

(二) 第八定理
　ユークリッドの第八定理とは「二つの等しい大きさが不等な距離から見られた場合、その見かけの大きさは距離には比例しない」というもので、大きさと距離とは一致して変わるという考え方と対立する。パノフスキー『〈象徴形式〉としての遠近法』木田元監訳、哲学書房、一九九三年　一九〜二〇頁を参照。

(三) 高空間、近空間、斜空間
　パノフスキー前掲書、七〇頁を参照。ただしパノフスキーによれば、高空間はフレスコ天井画に見られるもので、北方ではなく、イタリア人たちによって展開されたものである。補注17参照。

身の方はと言えば、いかなる思考も追いつけないほど遠くへ逃れ去ってしまうのである。空間のうちには、私たちの俯瞰の試みを逃れる何かがあるのだ。いかなるシンボル形式*一もけっしてたんなる〔物理的・機械的な〕刺激として働くものではなく、シンボル形式がうまく働き効果を発揮するのは、作品の文脈全体と結びついたからこそであって、けっして騙し絵的な手段によってではないのだから、いかなる既得の表現手段も絵画の問題を解くものではないし、絵画を技術へと変えてしまうものでもないというのが真実である。様式契機はけっして価値契機と独立なものではない。☆15 絵画の言語というものは、「自然によって設定された」ものではなく、作られ、作り直されるべきものなのである。ル

（一）シンボル形式
科学、芸術、宗教、神話など、私たちが世界を捉えるさいのその捉え方が具体的な形となって表現されたもののこと。フンボルト（Wilhelm von Humboldt, 1767-1835 ドイツの言語学者、政治家）による「内的言語形式」という概念、すなわち、言語とは私たちの精神が世界を捉えるさいのその捉え方であるという考え方を、ドイツの哲学者カッシーラー（Ernst Cassirer, 1874-1945）が文化現象全般にまで拡張して用いた用語。補注18参照。

（原注15）
E.PANOFSKY, *Die Perspektive als symbolische Form*, dans *Vorträge der Bibliotek Warburg*, IV(1924-1925).（パノフスキー『〈象徴形式〉としての遠近法』木田元監訳、哲学書房、一九九三年）

ニコラ・ド・スタール『アトリエの片隅』1954 年

ネサンスの遠近法は無謬の「トリック」ではなく、その後も引き続いて行われる世界への詩的尋問における一つの個別事例、一つの事件、一つの契機にすぎない。

〔28〕しかしながら、デカルトのデカルトたるゆえんは、彼が視覚の謎を消し去ろうとは考えなかった点にある。なるほど、思考なくして視覚はない。しかし、見るためには考えるだけでは十分でない。つまり視覚とは条件づけられた思考であり、身体のなかで起こることを「機会に」生まれるのであって、身体によって考えるよう「促される」のである。視覚が存在するかしないか、これを考えるかあれを考えるかは、視覚が選ぶことではない。視覚の核心には、外部からの侵入によってはもたらされえない重力、依存性

といったものがある。私たちにこれやあれを見させるために、一定の身体の出来事が「自然によって定め」られているのである。視覚についての思考〔見ているという意識〕は、自らが与えたのではないプログラムと法則によって働くのであり、自分自身の前提を自分の手のうちに握ってはおらず、〔それゆえ〕その思考は完全に現前的で現実的な〔現在的〕思考*一ではなく、その中心には受動性の神秘があるのだ。とすれば、ここに見られるのは、視覚に関する人々の語り方や考え方こそが、視覚を思考にしてしまっているという状況である。たとえば、私たちが諸対象の位置を見るのはいったいどのようにしてなのかを人々が理解しようと思うとき、彼らにできる手立てとしては、自分の身体の諸部分がどこ

（一）完全に現前的で現実的な〔現在的〕思考　自分自身の働きをつねに同時的に隈なく把握しているような思考のこと。

にあるのかを知りつつ、その手足の延長にある空間のあらゆる点に「そこ[*一]から自分の注意を移す」ことができる魂を想定する以外にない。[☆16] しかし、これはまだ実際に起こっていることの「モデル」でしかない。というのも、魂が物へと延長してゆく自分の身体のこの空間、〔すなわち〕そこからあらゆるそこが生じてくるこの最初のここを、魂はいったいどうやって知るのだろうか。そのここは、そこのような延長の任意の一様態、一サンプルではなく、魂が「自分のもの」と呼ぶ身体〔物体〕[*二] の場所であり、魂が住まう場所である。魂が生命を付与する身体は、魂にとって諸対象のなかの一対象にすぎないものではないし、魂は身体から、そこに含意されていた前提として残りの全空間を抽出してく

（一）そこ
自分の身体の諸部分がある場所。

（原注16）
DESCARTES, *Dioptrique*, Discours VI, édition Adam et Tannery, VI, p.135.（デカルト「屈折光学」第六講、『デカルト著作集』第一巻、白水社、二〇〇一年、一五〇頁）

（二）魂が「自分のもの」と呼ぶ身体〔物体〕
デカルトの『省察』なかの次の一節に由来する。「なおまた、私が一種特別の権利をもって私のものと名づけた、この身体〔＝物体〕は、他のいかなる物体にもまして私に属するのだ、と私が考えたのも、理由のないことではなかった。なぜなら私は、身体〔＝物体〕からは、その他の物体からとはちがい、けっして切り離されることができなかったからである。」（『デカルト』世界の名著、中央公論社、一九七八年、二九四頁）
第3段落の「私が私のものと呼ぶこの現実的身体」を参照。

るわけでもない。魂は自分にしたがってではなく身体にしたがって思考するのであり、魂を身体に結びつけている自然の契約のなかには、空間、外的距離に関する取り決めもまた含まれているのである。もしも眼の調節作用と収斂の度合いに応じて魂が一定の距離を認知するとするならば、前者の度合いから後者の距離を引き出してくる思考は、いわば私たちの内部の仕様書に書き込まれた太古の思考なのである。「そしてこのことは、私たちがそれについて反省することなく普通に起こることであって、そのことは、何かある物体を手で摑むとき、私たちは手をその物体の大きさと形に合わせ、そのことによって物体を感じとるが、そのために手の運動を考える必要がないのとまったく同様である。[☆17]」魂にとって身体はその出生空間であり、実在する他のあらゆる空間の母胎である。それゆえ、視覚は二重化されるのだ。すなわち一方には、それについて私が反省的に考察する視覚があり、私はそれを思考、《精神》による視察、判断、記号の読解としてしか考えることができない。そして他方には、おのずから生起する視覚、〔すなわち〕思考とは言っても名ばかりのものか、あるいは自分の身体のなかに据えつけ押し込められた思考にすぎないような視覚があるのであって、そうした視覚の観念は実際に行使することによってしかもちえないものであり、その視覚こそが空間と思考とのあいだに魂と身体との合成体[*一]という独立した次元を導入するのである。視覚の謎は消し去られるのではなく、

(原注17)
DESCARTES, *Dioptrique*, Discours VI, édition Adam et Tannery, VI, p.137.（デカルト「屈折光学」第六講、『デカルト著作集』第一巻、白水社、二〇〇一年、一五一頁）

（一）魂と身体との合成体
デカルトは、認識の場面では心身の二元論の立場、すなわち、思考のみを属性とする精神(res cogitans)と、広がりのみを属性とする物体(res extensa)を峻別する立場をとったが、日常の実践的場面においては両者が合一していることを認めていた。

「見ているという思考」から現に働いている視覚へと送り返されるのである。

〔29〕しかしながら、この事実上の視覚、その視覚が含んでいる「～がある〔事実存在〕」が、デカルトの哲学を動揺させることはない。視覚は身体と一体となった思考なのだから、視覚が真に思考されることは定義上ありえない。視覚を実践し、行使すること、いわば視覚を生きることはできるが、そこから真であると語るに値するものは何も引き出すことができない。エリザベート王女が望んだように、[*二] 何としてでも視覚について何か考えてみたいというなら、アリストテレスとスコラ哲学[*三]をもう一度持ち出してきて、思考を身体的〔物体的〕なものとして概念的に把握しようとするしか

（二）エリザベート王女が望んだように
　エリザベートは、心身の分離と合一がいかにして両立しうるのかを執拗にデカルトに問いかけ、両者の関係についてデカルトの思考を促し、最後の著作『情念論』を執筆させることになる。補注19参照。

　エリザベート（1618-1680）は、ファルツ選定侯フリードリヒ五世の娘。生年は奇しくも三〇年戦争開始の年であった。フリードリヒ五世はボヘミア王としてプロテスタント側の盟主となるが、わずか一年にして敗退。「一冬王」と呼ばれる。以後、一家はオランダのハーグに亡命。一六四二年、エリザベートはデカルトの『省察』を読み、デカルトとの交流がはじまる。

（三）スコラ哲学
　一二世紀から一四世紀頃のヨーロッパ中世の哲学のこと。キリスト教の教えをギリシア哲学とりわけアリストテレスの思想を駆使して理論づけ、両者を融合させようとしたところに特徴がある。

ないが、しかしこのことは概念的に把握される事柄ではなく、魂と身体との結合があるということを悟性の前で申し立てる唯一の仕方なのである。実際、純粋な悟性に対して悟性と身体との混合を〔理解するよう〕課すことは不条理である。これらのいわゆる思考[*一]は、思考と見なさないかぎりにおいて正当な、「生活における使用[*二]」のエンブレム、結合のカンティング・アームズ[*三]なのである。それらは実在――実在する人間、実在する世界――の次元の指標であって、思考すべく私たちに課せられているものではない。その実在の次元は、私たちが手にしている《存在》の地図上にしるされたいかなる未開地(terra incognita)を指すものでもないし、私たちの思考が及ぶ範囲を制限するものでもない。な

(一) これらのいわゆる思考
身体と結びついた思考、身体的なものとしての思考のこと。デカルトによれば、本来の意味での思考は身体とは峻別されるべきものである。

(二) 「生活における使用」
心身の分離が悟性によって理解される事柄であるのに対して、心身の合一は生活において実際に生きられる事柄である。補注19参照。

(三) カンティング・アームズ
模様に家名を隠してある判じ絵紋章。

ぜなら、実在の次元も思考の範囲も、私たちの光と同様その次元の闇をも基礎づけている、一つの《真理》によって支えられているからである。ここまで来てようやく、私たちはデカルトのもとに奥行きの形而上学[四]とでも呼ぶべきものを見出すことになる。そう呼ぶのは、この《真理》の誕生に私たちが居合わすことはないからであり、《神》の存在は私たちには深淵だからである……。〔深淵を前にした〕戦慄は、しかしすぐに克服される。というのも、デカルトにとっては、この深淵の深さを測ろうとすることも、魂の空間や見えるものの奥行きを思考することも、同じように無駄な試みだからである。こうしたテーマについてはすべて、私たちは立場上資格を欠いているのだ。ここにこそ、デカルト

（四）奥行きの形而上学
「奥行き」（profondeur）は、次の「深淵」（abîme）とほぼ同じ意味をもつ。補注20参照。

的バランス感覚の秘密が潜んでいる。それはもはや形而上学に関わらなくてよいことの決定的な理由を私たちに与えてくれる形而上学であり、私たちの明証性を限界づけることによってその明証性を有効なものとし、私たちの思考を切り裂くことなく私たちの思考を切り開くのである。

〔30〕失われた秘密、しかも見たところ、永遠に。それゆえ、もしも私たちが、科学と哲学、私たちのモデルと「〜がある〔事実存在〕」の闇とのあいだのバランスをふたたび見出すとすれば、それは新たなバランスでなくてはならないだろう。私たちの科学は、デカルトが科学に課したその活動領域の正当化も制限もともに投げ捨ててしまった。私たちの科学はもはや、自らが発明するモデルを神の属性から

演繹*一してこようなどとはしない。もはや実在する世界の奥行きと測りがたい神の奥行き〔深淵〕が、「技術化」された思考の平板さを裏側から支えに来ることはない。科学は、デカルトが一生に一度*二とは言えとにかく行った形而上学による〔根拠づけという〕回り道を行うことなく、デカルトの到達点だったところから出発する。デカルトが盲目の、しかし他に還元しえない経験のために残しておいた、自己自身および実在する世界との接触という領域を、操作的思考〔科学〕は心理学の名のもとに自身の探求領域であると主張する。操作的思考は接触的思考としての哲学には根本から敵対的であり、もしも哲学に意義を認めることがあるとすれば、それは己れの無頓着さが度を越したときであろう。す

（一）神の属性から演繹
デカルトによれば、運動量の保存則や慣性則は、神の不変性から導き出せるものである。補注21参照。

（二）一生に一度
デカルトは、堅固でゆるぎないものを打ち立てたいならば、一生に一度、すべてを根本から疑ってみなければならないと言う。この懐疑からはじまる根拠づけの考察がデカルトの主著『省察』である。『省察』冒頭の次の一節を参照。「すでに何年も前に、私はこう気づいていた――まだ年少のころに私は、どれほど多くの偽であるものを、真であるとして受け入れてきたことか、また、その後、私がそれらのうえに築きあげてきたものは、どれもみな、なんと疑わしいものであるか、したがって、もし私が学問においていつか堅固でゆるぎないものをうちたてようと欲するなら、一生に一度は、すべてを根こそぎくつがえし、最初の土台から新たにはじめなくてはならない、と。」（『デカルト』世界の名著、

なわち、デカルトにとっては混乱した思考に属していたありとあらゆる観念――性質、スカラー構造[*一]、観察する者と観察されるものとの相互依存――を導入した後で、これらすべての存在についてたんに構築物(constructa)としてだけ語ってすますわけにはいかないということに不意に気づくときである。それまでのあいだ哲学は、デカルトが切り開いたとたんに閉ざしてしまった次元、すなわち魂と身体との合成体、実在する世界、底なしの《存在》という次元に深く身を沈めることで、操作的思考に反対の姿勢を貫き続ける。私たちの科学と私たちの哲学は、デカルト哲学の忠実であると同時に不実な二つの帰結であり、その解体から生まれた二つの奇形なのである。

中央公論社、一九七八年、二三八頁)。補注22参照。

(一) スカラー構造
ベクトルが方向をもった量であるのに対し、スカラーとは方向をもたないたんなる量をいう。

〔31〕私たちの哲学に残されているのはただ一つ、現実世界の探索にとりかかることである。私たちは魂と身体との合成体であるのだから、その合成体についてのある種の思考があるにちがいなく、位置や状況[*二]についてのこの知があるからこそ、デカルトは合成体について語ることができるわけだし、「魂に対する」身体の現前や私たちの手の「末端」における外的世界の現前といった言い方をしばしばしているわけである。ここではもはや身体は、視覚や触覚の手段ではなく、それらを委託された者である。私たちの身体器官は道具であるどころか、逆に道具の方こそが付け加えられた身体器官なのだ。空間はもはや『屈折光学』が語る空間、〔すなわち〕私の視覚について第三者が見るだろうよ

（二）位置や状況
自分の身体の各部位の位置や、自分の身体が置かれている状況。

うな、あるいは私の視覚を構築し俯瞰的に捉える幾何学者が見るだろうような、そうした対象間の関係の網ではなく、空間性の零点もしくは零度としての私から出発して測られる空間である。私はその空間を外側の蔽いを見るように見るのではなく、内側からその空間を体験し、その空間に包み込まれている。要するに、世界は私のまわりにあるのであって、私の前にあるのではない。光は距離を置いた作用として再発見されるのであり、もはや接触的作用に還元されはしない。言い換えれば、光は、光を見ることのない人たちによってそう考えられうるような仕方で考えられるのではない。視覚は視覚以上のものを表出し指し示すという根源的な能力を取り戻す。すでに述べたように、ほんのわずかのインクだけで森や嵐を見させることができる以上、視覚は自身の想像的なもの[*一]をもっているのでなければならない。その超越[*二]は、もはや物としての光が脳に与えた影響を解読するような、また、一度も身体に住み込んだことがなかったとしても同じように解読するだろうような、そうした読解者としての精神に委ねられているのではない。問題はもはや空間や光について語ることではなく、現にそこにある空間や光に語らせることである。これは果てしのない問いである。なぜなら、問いが差し向けられているその視覚そのものが問いであるのだから。閉ざされたと思われていたあらゆる探求がふたたび開かれる。奥行きとは何か、光とは何か、存在とは何か[*三]（τί τὸ ὄν）――身体から自分を切

（一）自身の想像的なもの
見ることとは、それ自身、想像することでもある。第12段落で「想像的な織地」という表現が用いられていたことを想起せよ。

（二）超越
視覚が、たんに見えているだけのもの（インクの染み）を超えて何か（森や嵐）を表出し指し示すということ。

（三）存在とは何か
原文はギリシア語。アリストテレスの『形而上学』第七巻第一章の一節である。「それゆえ実に、あの古くから、いまなお、また常に永遠に問い求められており、また常に難問に逢着するところの『存在とはなにか?（τί τὸ ὄν）』という問題は、帰するところ、『実体とはなにか?』である。」（『形而上学』上巻、出隆訳、岩波文庫、一九五九年、二二八頁）。訳者まえがき参照。

り離した精神ではなく、デカルトが身体中に拡がっていると語った精神にとって、それらは何であるのか――、そして最後に、それらは私たちを貫き私たちを包み込んでいるのだから、たんに精神にとってだけでなく、それらの奥行きや光や存在自身にとって何であるのか。

〔32〕ともあれ、これから取り組まなくてはならないこの哲学こそが、まさに画家に生命を与えている哲学なのである。ただしそれは、画家が世界についてさまざまな見解を述べるときではなく、彼の視覚がおのずから所作となる瞬間、セザンヌが語るだろうように、「絵画のなかで考える」[☆18]そのときにこそ、画家に生命を与えている哲学なのである。

（原注18）
B.DORIVAL, *Paul Cézanne*, éd. P. Tisné, Paris, 1948: Cézanne par ses lettres et ses témoins, pp.103 et s.（ドリヴァル『ポール・セザンヌ――彼の手紙と証言による』未邦訳）

Ⅳ

〔33〕近代絵画の歴史全体、イリュージョニスム*一から脱却し絵画固有の次元を獲得しようとしてきたその努力、それらは形而上学的な意義をもっている。このことは、証明するような問題ではありえない。それは、歴史における客観性には限界があるという理由によるのでもなければ、哲学と出来事を一対一で結びつけることを禁ずるような不可避的な多様性が解釈にはあるという理由によるのでもなく、私たちの考えている形而上学が、経験的領域のなかで帰納的に正当化されうるような、ばらばらな諸観念の寄せ集め

（一）イリュージョニスム
平面をあたかも現実と同じような三次元的奥行きがあるように見させる錯覚的技法、あるいはそうした技法の開発や会得に絵画の目的があるとする考え方。

ではないからであり、——すなわち、偶然事の肉〔生の出来事〕のなかには、出来事の構造、筋書き固有の力というものがあるからであって、その構造や力は解釈の多様性を妨げるどころか、むしろそれらこそが解釈の多様性を奥底で支えている根拠であり、当の出来事を歴史的生*一の永続的なテーマたらしめるものであって、哲学的考察に値するものなのである。ある意味で、フランス革命についてこれまで人々が語りえたすべてのこと、これから語るだろうすべてのことは、フランス革命のなかに、〔すなわち〕細分化された諸事実のうえにその過去の泡沫と未来の波頭とともにくっきりと姿を現したこの波〔フランス革命〕のなかに、これまでもこれからもずっと存在し続けるものであり、いまもこれ

（一）歴史的生　たんなる自然的存在ではなく歴史的存在としての人間のこと。

からも、人々がフランス革命について新しい表象を与えることになるのは、つねにフランス革命はどうやって起こったのかをもっとよく眺めることによってなのである。芸術作品の歴史について言えば、もしもその作品が偉大であれば、人々が後から作品に与える意味は、いずれにせよ作品そのものに由来する。作品が後に明瞭に見えてくるための視界を切り開いておいたのは、その作品自身であり、作品が自分を変身させ、その変身した姿になるのであって、作品が当然のこととして蒙る果てしない再解釈は、作品をその作品自体へと変えるにすぎず、もしも歴史家が表立った内容の下に意味の剰余や厚みを、〔すなわち〕遥か以前から彼の到来を準備していた織地を見出すとすれば、作品のこうした能動的なあり方、歴史家が作品のなかに開示することの可能性、歴史家が作品に見出すこのモノグラム[*一]は、一つの哲学的省察の礎となるものである。しかし、この仕事は歴史との長く深いつきあいを必要とする。それを果たすための能力も紙幅も、すべてが私たちには欠けている。とはいえ、芸術作品の力あるいは生成力は因果関係や系統関係といったあらゆる実証的[*二]関係を超えているのだから、一素人〔俗人〕[*三]が思い出すままにいくつかの絵や書物を取り上げながら、いかにして絵画が彼の反省的考察のなかに入り込んできたかを語ることは不当なことではないだろうし、それにまた、古典的思考の世界[*四]と近代絵画の探求とを全体として突き合わせてみたときに彼が感じとった奥深い不一致

（一）モノグラム
姓名の頭文字などを組み合わせて図案化したもの。

（二）実証的
経験的事実を調べることによって検証しようとすること。

（三）一素人〔俗人〕
八〇頁の「散文的」への注で、本論全体にわたり日常的で平凡なものと異常で芸術的なもの、世俗的なものと聖なるもの（魔術的、神秘的なもの）が対比されていることを指摘しておいたが、ここの表現にもその対比がうかがえる。

（四）古典的思考の世界
前節で論じられたようなデカルト的世界。

の感覚、〔すなわち〕人間と《存在》との諸関係における大きな変化についての感覚を書き記すことも、けっして不当なことではないだろう。それはある種の接触による歴史であり、おそらく個人の限界の域を超えるものではないが、しかし、他の人たちとの交わりにすべてを負っている歴史なのである……

〔34〕「私が思うに、セザンヌは生涯を通じて奥行きを探求したのだ」とジャコメッティは言い[☆19]、「奥行きは新たな霊感の源である」とロベール・ドローネー[*五]は言う[☆20]。ルネサンスの「解決」から四世紀、そしてデカルトから三世紀、奥行きはいまも変わらず新鮮なものであり、人々を「一生に一度」どころか生涯をかけての探求へと駆り立てている。

（原注19）
G.CHARBONNIER, *Le Monologue du peintre*, Paris, 1959, p.176.（シャルボニエ『画家の独白』未邦訳）

（五）ロベール・ドローネー（Robert Delaunay, 1885-1941）
フランスの画家。抽象画の先駆者。最初キュビスムの運動に加わるが、やがて色彩の追求においてキュビスムと一線を画す。その作風は、アポリネールによって「オルフィスム」と命名された。

（原注20）
Robert DELAUNAY, *Du cubisme à l'art abstrait*, cahiers publiés par Pierre Francastel, Paris, 1957, p.109.（ドローネー『キュビスムから抽象芸術へ』未邦訳）

ロベール・ドローネー『都会の同時的な窓』1912 年
ハンブルク美術館

問題となっているのは、私が飛行機から近い木々と遠い木々とのあいだに見るような神秘なき間隔ではありえない。それにまた、遠近法を用いたデッサンが鮮やかに私に見せてくれる一方の物による他方の物の手品めいた消去*一が問題なのでもない。というのも、これら二つの見えはとても明瞭で、いかなる疑問も提起しないからである。謎めいているのは、これら二つの見えのつながり、両者のあいだにあるものであり――すなわちその謎とは、物が互いを掩《えん》蔽《ぺい》し合う*二というまさにその理由によって、私はそれらの物を各々の場所にあるがままに見るということであり――、各々の物がその場所にあるというまさにその理由によって、物どうしが私の眼差しの前で競い合うということであ

（一）手品めいた消去
実際には描かれていない背後の事物の見えない部分が、存在しないのではなく、存在しつつ隠れているように見せること。

（二）掩蔽し合う
「掩蔽」とは、日食現象のように、前面を通り過ぎる天体が背後の天体を隠すことを言う。星食とも。

る。それは、互いの覆い合いのなかで認められる物どうし の外在性であり、それぞれの自律における物どうし相互の依存性である。このように理解された奥行きについては、もはやそれを「第三の次元」と言うことはできない。まずもって、もし奥行きが次元の一つだとすれば、それはむしろ第一の次元である。というのも、さまざまな形、境界づけられた諸平面が存在していると言えるのは、それらのさまざまに異なる諸部分が私からどのくらい離れているかがはっきりと示される場合のみだからである。だが次に、第一の、そして他の諸次元を含んだ次元とは、少なくともそれに則して計測が行われる一定の関係という通常の意味では、もはや一つの次元ではない。このように理解された奥行きとは、むしろ諸次元の変換可能性の経験であり、すべてが同時にそこに存在し、高さ、横幅、距離がそこから抽象されたものにすぎない全体的な場所性の経験、〈物がそこにある〉というその一言で表現される量感性の経験なのである。セザンヌが奥行きを探求するときに探し求めていたのは〔量感性という〕《存在》のこの爆燃[*一]であり、それは空間のどんな様態のなかにも、また形のなかにもあるものである。後にキュビスムがふたたび語るだろうことをセザンヌはすでに知っていた。すなわち、外形、外皮は二次的で派生的なものであり、外形が物に形をもたせるのではないということ、この空間の殻を壊し、果物皿を割らなくてはならないのだということ——その代わりに、それではいっ

（一）爆燃　高熱と閃光をともなった急激な燃焼を意味する化学用語。ここでは内側からそれ自身の力によって自らを外部に展開していくさまを表現するために用いられている。

たい何を描くべきなのか。彼がかつて語ったように、立方体、球体、円錐体[*一]だろうか。内的な構成法則によって定められうるものに備わる堅固な立体性をもった純粋な形、そしてまた、まるで生い茂る葦のあいだに顔を出現させるように、物の痕跡や断面を全部一緒に集めて、それらのあいだにその物を出現させる形、そうした純粋な形を描くべきなのか。それはしかし、《存在》の立体性とその多様性〔例えば色〕とを別々にしてしまうことだろう。セザンヌはすでに中期でこの種の試みを行っていた。彼はまっすぐに立体、空間に向かった――そして、物たちにとっては大きすぎる箱や容器としてのこの空間のなかでは、色と色がぶつかりあって物たちが揺れ動きはじめ、不安定さのうちで転

（一）立方体、球体、円錐体
セザンヌがベルナールに宛てた手紙のなかに出てくる言葉。「自然を円筒形と球形と円錐形によって扱い、すべてを遠近法のなかに入れなさい。つまり、物やプランの各面がひとつの中心点に向かって集中するようにしなさい。水平面に平行する線はひろがり、すなわち自然の一断面を与えます。お望みならば、全智全能にして永遠の父なる神がわれわれの眼前にくりひろげる光景の一断面といってもかまいません。この水平線に対して垂直の線は深さを与えます。ところでわれわれ人間にとって、自然は平面においてよりも深さにおいて存在します。そのため、赤と黄で示される光の振動のなかに、空気を感じさせるために必要なだけの青系統の色を導入する必要が生じます。」（『セザンヌの手紙』ジョン・リウォルド編、池上忠治訳、美術公論社、一九八二年、二三六～二三七頁）

調しはじめるのを確認した。[☆21] それゆえ、空間とその内容物はひとまとめにして探求しなくてはならない。かくして、問題は一般化される。もはや距離と線と形の問題だけでなく、それは色の問題でもあるのだ。

〔35〕クレーが好んで引用しているように、色は「われわれの頭脳と宇宙が合流する場所である」[☆22]と、《存在》の芸術家ならではの素晴らしい言葉でセザンヌは語った。光景としての形を破壊しなければならないのは、まさに色のためである。それゆえ、問題はもはや「自然の色のシミュラークル[☆23]〔模像〕」としての色ではなく、色の次元、すなわち、ただ色だけでさまざまな同一性、さまざまな差異、一つの織地、一つの物質性、一つの何かある物を創造する色という

（原注21）
F.NOVOTNY, *Cézanne und das Ende der wissenschaftlichen Perspektive*, Vienne, 1938.（ノヴォトニー『セザンヌと科学的遠近法の終焉』未邦訳）

（原注22）
W.GROHMANN, *Paul Klee*, trad.fr. Paris, 1954, p.141.（グローマン『パウル・クレー』〔仏訳〕未邦訳）〔セザンヌのこの言葉は、J・ガスケ『セザンヌ』與謝野文子訳、岩波文庫、二一二頁に見られる。補注1参照。〕

（原注23）
Robert DELAUNAY, *Du cubisme à l'art abstrait*, cahiers publiés par Pierre Francastel, Paris, 1957, p.118.（ドローネー『キュビスムから抽象芸術へ』未邦訳）

パウル・クレー『ルツェルン近郊の公園』1938 年

次元なのである……。けれどもやはり、見えるものを作るレシピなどないし、空間だけがそうしたレシピでないのと同じように、色だけがそうしたレシピであるわけでもない。色への回帰によって、もう少しだけ「物の核心」[☆24]に近づけるようになるが、その核心は、外皮としての空間の彼方にあるのと同じように、外皮としての色の彼方にある。『ヴァリエの肖像』はさまざまな色のあいだに空白を配し、それ以後、色は、黄色であること、緑であること、青であること、というよりも、もっと一般的なあるということを作り上げ、浮かび上がらせる働きをもつようになる——それはちょうど、晩年の水彩画で、空間、〔すなわち〕明証性そのものであり、少なくともそれについてどこにあるのかという

（原注24）
P.KLEE, voir son *Journal*, trad.fra. P.Klossowski, Paris, 1959.（『パウル・クレーの日記』南原実訳、新潮社、一九六一年）〔メルロ＝ポンティが参照しているのは、ドイツ語原文ではなく、クロソウスキーによるフランス語訳である。〕

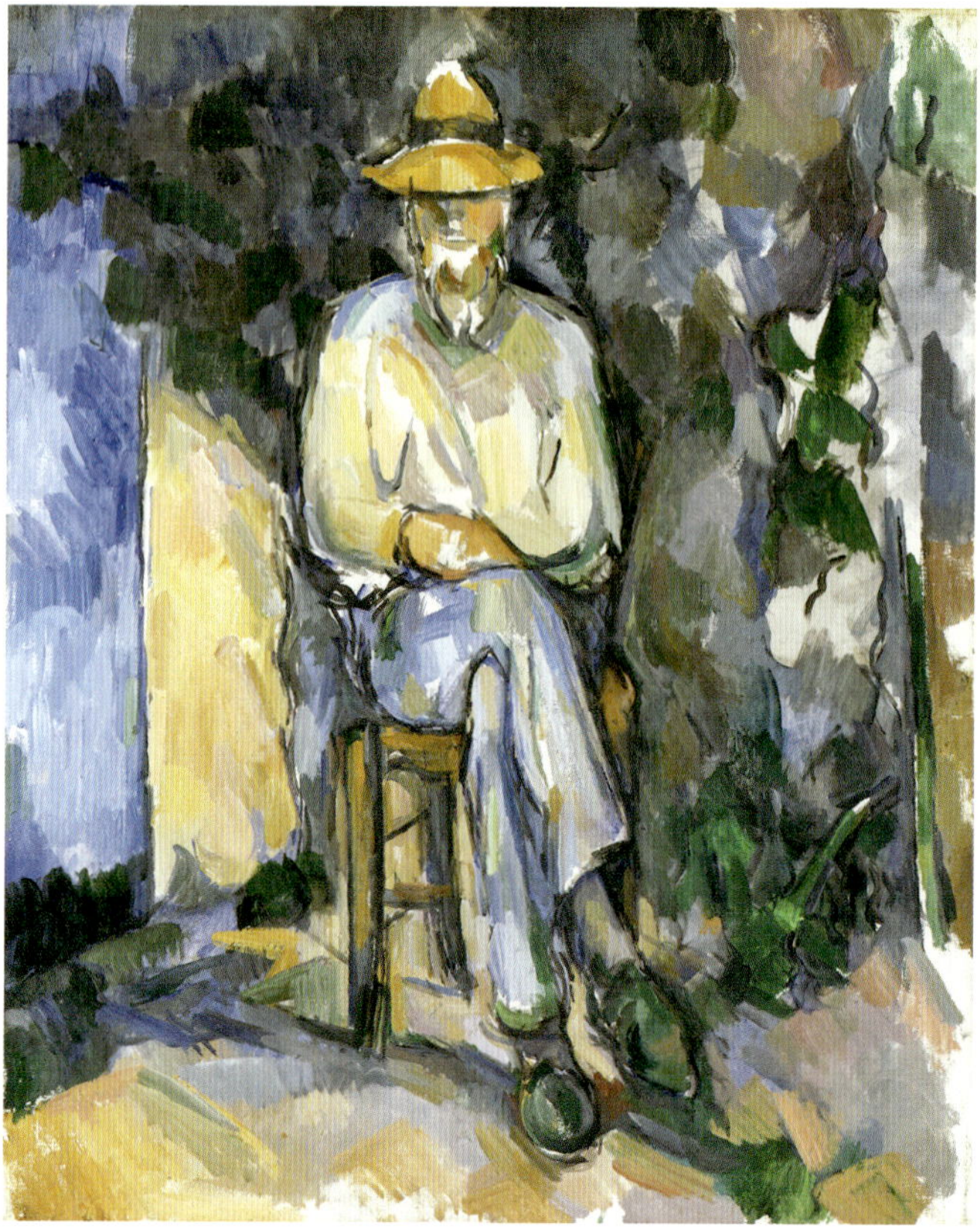

ポール・セザンヌ『ヴァリエの肖像』1900-1906年

問いが立てられることはないと信じられてきた空間が、いかなる場所にも割り当てられない諸平面のまわりに、「透明な諸平面の重なり合い」、「蔽い合い、前進し、退却する色の諸平面の浮遊運動」[☆25]として放射するようなものである。

〔36〕見てのとおり、問題はもはやカンヴァスの二次元にもう一つの次元を付け加えること、できるかぎり経験的視覚に類似することで完成に達するような、錯覚〔イリュージョン〕ないし対象なき知覚[*一]を組織することではない。絵画の奥行き（描かれた高さと横幅も同様に）は、どこからともなく支持体[*二]のうえにやってきて、そこで芽吹く。画家の視覚はもはや外部への眼差し、世界とのたんなる「物理—光学的」[☆26]関係ではない。世界はもはや彼の面前に表象としてあるの

（原注25）
Georg SCHMIDT, *Les aquarelles de Cézanne*, p.21.（シュミット『セザンヌの水彩画』未邦訳）

（一）対象なき知覚
鏡像や反映、また、そうしたものとしての絵画が与える知覚。対象自体はそこにないように、あたかも対象がそこに、そのとおりにあるかのように見せてくれる。

（二）支持体
布、紙、板など絵具を支える基底材のこと。

（原注26）
P.KLEE, voir son *Journal*, trad.fra. P.Klossowski, Paris, 1959.（『クレーの日記』南原実訳、新潮社、一九六一年）

ではなく、〔逆に〕画家こそが、いわば見えるものの凝縮と見えるもののそれ自身への到来によって、物たちのなかで生まれてくるのである。そして絵は、まずもって「自己形象的」であるという条件においてのみ、何であれ何か経験的な物に最終的に関係するのであり、「何ものの光景でもない」[☆27]ことによってのみ絵は何かの光景となり、「物の皮」[☆28]を裂くことによって、絵は物がいかにして物となり、世界がいかにして世界となるのかを示すのである。一篇の詩のなかには創造されたのではなく、自ら形を成してきたように思われる詩句があるとアポリネール[*一]は語っていた。そしてアンリ・ミショー[*二]は、クレーの色はまるで緑青や黴《かび》が「しかるべき場所に生えてくる」[☆29]ように、原初の奥底から発生

（原注27）
Ch.P.BRU, *Esthétique de l'abstraction*, Paris, 1959, pp.86 et 99.（ブリュ『抽象の美学』未邦訳）

（原注28）
Henri MICHAUX, *Aventures de lignes*.（アンリ・ミショー「線の冒険」、『ミショー芸術論集』小島俊明訳、思潮社、一九七五年、所収）〔これは、原注22で参照されたグローマンの『パウル・クレー』の仏訳の冒頭に寄せられた序文で、後、*Passages*, Gallimard, 1950 に収録された。〕

（一）アポリネール（Guillaume Apollinaire, 1880-1918）
イタリア生まれのポーランド人。詩人、小説家、美術評論家。代表的詩集に『アルコール』（一九一三年）、『カリグラム』（一九一八年）、前衛芸術を擁護し、世に広めた美術評論に『キュビスムの画家たち』（一九一三年）がある。また、シュルレアリスムという言葉

し、ゆっくりとカンヴァスのうえに生まれくるように思われるときがある、と語っている。芸術は構築、技法、空間と外部世界への技巧的関係ではない。それはまさしくヘルメス・トリスメギストスが「光の声に類似した」と言った「不分明な叫び」である。[*三] そして、その叫びはいったん発せられると、日常の視覚のなかに、ひっそりと眠り込んでいた〔物質化される以前の〕先在的諸力を呼び醒ます。水の厚みを通してプールの底のタイル床を見るとき、私は水や水面の反射にもかかわらずそのタイル床を見るのではなく、まさに水や反射を通して、水や反射によって見るのである。もしもそうした歪みやまだら模様の照り返しがないならば、もしも私がそうした肉なしにタイル床の幾何模様を見るなら

を作ったことでも知られる。

(二) アンリ・ミショー (Henri Michaux, 1899-1984)
ベルギー生まれのフランスの詩人、画家。ロートレアモンの影響のもと詩作をはじめ、後にクレー、エルンストらに触発されて絵画をも手がけるようになる。アンフォルメルの先駆者。

(原注29)

Henri MICHAUX, *Aventures de lignes*.(アンリ・ミショー「線の冒険」、『ミショー芸術論集』小島俊明訳、思潮社、一九七五年、所収)

(三) ヘルメス…「不分明な叫び」である。『ヘルメス文書』の一つ「ポイマンドレース」第四節の言葉。補注23参照。

ば、そのときにはタイル床をあるがままに、あるがままのところに、すなわち、どんな同一的な場所[*一]よりも遠いところ[*二]に見ることをやめてしまうだろう。水そのもの、水というあり方をした力、とろりとして煌《きら》めく元素[*三]、それが空間のなかにあると言うことは私にはできない。というのも、それは別の場所にあるわけではないが、プールのなかにあるわけでもないからである。それはプールに住んでいて、そこで〔いわゆる水として〕物質化しているのであって、それはプールに含まれているのではなく、もしも糸杉の遮蔽林の方に眼を上げて、そこに水面からの反射が網の目をつくっているのを見るならば、水がその遮蔽林のところにも訪れに行っていること、あるいは少なくとも、そこに水の活動

（一）同一的な場所
たとえば「プールの深さは三メートルである」というように、水の有無にかかわらず客観的な空間的位置として決定できる場所。

（二）遠いところ
水を通して見たときに感じる遠さは、ある意味で、距離的にどんな遠いところよりももっと遠くにあると言えよう。

（三）元素
近代科学のそれではなく、古代ギリシアで考えられていたような意味での元素。世界は土、水、空気、火という四つの元素からなり、それらの元素は、それぞれ土＝〈乾いて冷たいもの〉、水＝〈湿って冷たいもの〉、空気＝〈湿って温かいもの〉、火＝〈乾いて温かいもの〉というように、〈乾—湿〉〈温—冷〉という二組四つの性質の相互転換から成り立つと考えられていた。近代以降、第二性質として排除されるものが、まさに世界を成り立たせるものとして捉えられていたわけである

的で生き生きとした本質を送り届けていることを私は疑うことができないだろう。見えるもののこの内的な生気、この放射こそ、画家が奥行きや空間や色といった名前で探し求めているものなのである。

〔37〕こうした点を考えると、よい画家がしばしばよいデッサンを描いたりよい彫刻をつくったりするというのは驚くべき事実である。表現手段も所作も比べようがないのだから、このことが証明しているのは、等価性の一つのシステムがあるということであり、線、光、色、浮彫、量塊に通じる一つの《ロゴス》*四があるということ、普遍的《存在》の概念なき提示があるということである。近代絵画の努力は、線と色のあいだでの選択にあったのでもなければ、

（一一四頁「第二性質」の脚注および補注15を参照）。また、『見えるものと見えないもの』には、肉とはまさにこうした意味での元素であると語られている。補注24参照。

（四）ロゴス
　ギリシア語で、言葉、理由、理性、論理、根拠、秩序、意味、比例といった意味をもつ。「散らばったものを集める」という語源からも分かるように、物事のまとまり、その筋道を表すと同時に、そうした筋道を捉える働きそのものや、その働きの仕組みをも指す。

ましてや物の具体的表現と記号の創造とのあいだでの選択にあったのでもなく、等価性のシステムを多様化し、物の外皮へのそれらの固着を断ち切ることに向けられていた。このことは新たな素材や新たな表現手段を作り出すよう駆り立てることにもつながりうるが、ときには既存の素材や表現手段の見直しや再利用によって行われることもある。たとえば線について、それは対象それ自体に備わっている肯定的属性[*一]や固有性であるという散文的な考え方がかつてはあった。林檎の輪郭にせよ、耕された畑や草地の境界にせよ、それらは世界のなかに実際に存在していて、後は鉛筆や絵筆でなぞりさえすればいい点線のようなものだと見なされていたわけである。近代絵画はこぞってこうした線

（一）肯定的属性
その対象自体に、「〜である」として備わっている性質。

に異議を唱えたが、それはおそらくあらゆる絵画がしてきたことでもあり、というのも、ダ・ヴィンチはその『絵画論』[*二]で、「おのおのの物のなかに……、いわばその発生軸である或る曲がりくねった線が……その広がり全体を通して進んでいく独特な仕方を発見すること」[☆30]と語っているからである。ラヴェッソンとベルクソン[*三]はここに重要な何かを嗅ぎとったが、この神託をとことんまで読み解いてみようとはしなかった。ベルクソンは「個性的な蛇行線」をほとんど生き物にしか探し求めなかったし、波線は「人物像の可視的な線のいずれでもありえない」とか「それはここにあるのでもあそこにあるのでもない」が「すべての鍵を与える」[☆31]と語ってはいるものの、その口ぶりはいかにも恐る

（二）ダ・ヴィンチ『絵画論』
ダ・ヴィンチ自身の手になるものではなく、死後、彼の遺稿から弟子が整理・編集したもので、一六世紀半ば頃にできたと考えられている。原注30にあるとおり、以下の叙述はベルクソンの「ラヴェッソンの生涯と業績」という論文に基づいている。補注25にベルクソン自身の言葉をもう少し長く引用しておく。

（原注30）
RAVAISSON, cité par Henri BERGSON, *La vie et l'œuvre de Ravaisson*, dans *La Pensée et le mouvant*, Paris, 1934.（ベルクソン「ラヴェッソンの生涯と業績」において引用されたもの。『ベルグソン全集七』矢内原伊作訳、白水社、一九六五年、二九五頁）

（三）ラヴェッソンとベルクソン
補注25の末尾を参照。

（原注31）
Henri BERGSON, *La vie et l'œuvre de*

恐るといった感じである。即自的な可視的線などないこと、林檎の輪郭も畑や草地の境界もここやそこにあるのではないこと、それらはつねに眺められている地点の手前や向こう、つねに注視されているもののあいだや後ろにあって、物たちによって指し示され、含意され、しかも有無を言わさず要求されてさえいるのだが、物そのものではないということ、こうしたことは画家たちにはすでに馴染みのことであったが、ベルクソンはまさにいまこうした驚くべき発見の戸口に立っているのである。輪郭や縁は林檎や草地の境界を確定するものと見なされてきたが、林檎も草地も自分自身で「自分を形づくる」のであり、〔見える世界の〕背後にある前空間的世界から到来したかのように見えるものの

Ravaisson, dans *La Pensée et le mouvant*, Paris, 1934, pp.264-265.（ベルクソン「ラヴェッソンの生涯と業績」における引用による。『ベルグソン全集七』矢内原伊作訳、白水社、一九六五年、二九五頁）

なかに降りてくるのである……。ところで、散文的な線に対する異議は、おそらく印象派の人たちが信じていたようには、絵画におけるあらゆる線を排除するものではけっしてない。問題はただ線を解放すること、その構成的能力を甦らせることでしかなく、クレーやマティスのように誰よりも色を信じていた画家たちのもとに、線がふたたび現れ勝ち誇るのが見られることにいかなる矛盾もない。というのもクレーの言葉によれば、それ以後、線はもはや見えるものを模倣するのではなく、「見えるようにする」*一からであり、線とは物の生成の設計図だからである。クレー以前には、おそらく誰も「線に夢を見させる」☆32ようなことはなかった。描線の起点は、線的なものの一定の水準もしくは様態

(一)「見えるようにする」
一九二〇年、クレーが最初に公にした「創造についての信条告白」(クレー『造形思考』上、土方定一他訳、新潮社、一九七三年、所収)の冒頭の言葉、「芸術の本質は、見えるものをそのまま再現するのではなく、見えるようにすることにある。」(Kunst gibt nicht das Sichtbare wieder, sondern macht sichtbar.)にもとづく。

(原注32)
Henri MICHAUX, *Aventures de lignes.* (アンリ・ミショー「線の冒険」、『ミショー芸術論集』小島俊明訳、思潮社、一九七五年、所収)

を、〔すなわち〕線が線として存在し、自らを線とし、「線として進んでいく」[☆33]ための一定の流儀を創設し導入する。後に続く曲がり具合はすべて、その起点に対する差異を表す特徴をもつことになるだろうし、線の線自身への関係となり、曲がりの大小、緩急、精粗に応じて、線の一つの冒険、一つの歴史、一つの意味を形づくることになるだろう。

〔38〕しかしながら、空間のなかを進みつつ、線は散文的空間と部分外部分（partes extra partes）を浸食し、空間のなかに能動的に広がっていくある種の広がり方を展開するのだが、その広がり方が、林檎の木や人間の空間性を支えているのと同じように物の空間性を支えているのである。〔物と人間との違いは〕たんに、人間の発生軸を与えるためには、画

〔原注33〕同上。

家は「純粋な基本的表現が問題となりえないほど縺《もつ》れ合った網状の線を必要とするだろう」[☆34]〔という点にある〕とクレーは言う。一方で、見えるものの発生の原理、根本的で間接的な絵画の原理、あるいはクレーの言った絶対的な絵画の原理をクレーのように厳守しようと決意するにせよ――絵画をより純粋に絵画として機能させるために、何が構成されたものとして描かれているかを示すことは散文的に名付けられたタイトルに委ねて――、他方これとは逆に、デッサンのさいのマティスがそうであるように、〔描かれている〕存在の散文的特徴も、また、柔弱さや生気のなさと力強さを組み合わせてその存在を裸体や顔や花として構成している隠れた働きも、どちらも一緒に一本の線のなかに置きい

（原注34）
W.GROHMANN, *Pau. Klee*, trad.fr. Paris, 1954, p.192.（グローマン『パウル・クレー』〔仏訳〕未邦訳）

アンリ・マティス『長い髪の浴女』1942年（個人蔵）

《Baigneuse aux cheveux longs》Collection particulière

Photo: Archives Matisse

れることができると信じるにせよ、どちらにしても大きな違いはない。クレーがきわめて具象的な仕方で描いた二枚の柊《ひいらぎ》の葉があるが、最初は何を描いているのかまるで分からず、「正確である」がゆえにこそ最後まで奇怪で異様で不気味なままである。そしてマティスの女たちはと言えば(同時代の人々の嘲笑が思い出される)、そのままではけっして女ではなく、女となったのであり、まさにマティスこそが、その輪郭を「物理・光学的」な仕方ではなく、葉脈として、〔すなわち〕肉的能動性と肉的受動性をもった一つの体系〔身体〕のもろもろの軸線として見ることを私たちに教えてくれたのである。具象的であろうとなかろうと、いずれにせよ線はもはや物の模倣でもなければ物でもない。それは白紙の無差別状態のうえに按配されたある種のアンバランスであり、即自に穿《うが》たれたある種の掘削孔《くっさくこう》、ある種の構成的空虚であって、そうした空虚が物のいわゆる肯定性を支えるものだということは、ムーア[*一]の彫像たちが有無を言わさず示してくれているとおりである。線はもはや古典幾何学においてそうであったような背景となる空虚のうえへの何かある存在の出現ではなく、現代幾何学においてそうであるような、先行する空間性の制限、分離、転調なのである。

〔39〕絵画は潜在的な線を創造したのと同様に、振動や放射によって移動なき運動を手に入れた。もちろん、そうする必要があったからである。というのも、よく言われるよ

（一）ムーア（Henry Spencer Moore, 1898-1986）イギリスの彫刻家。穴や空虚を孕んだ形態を特徴とする。

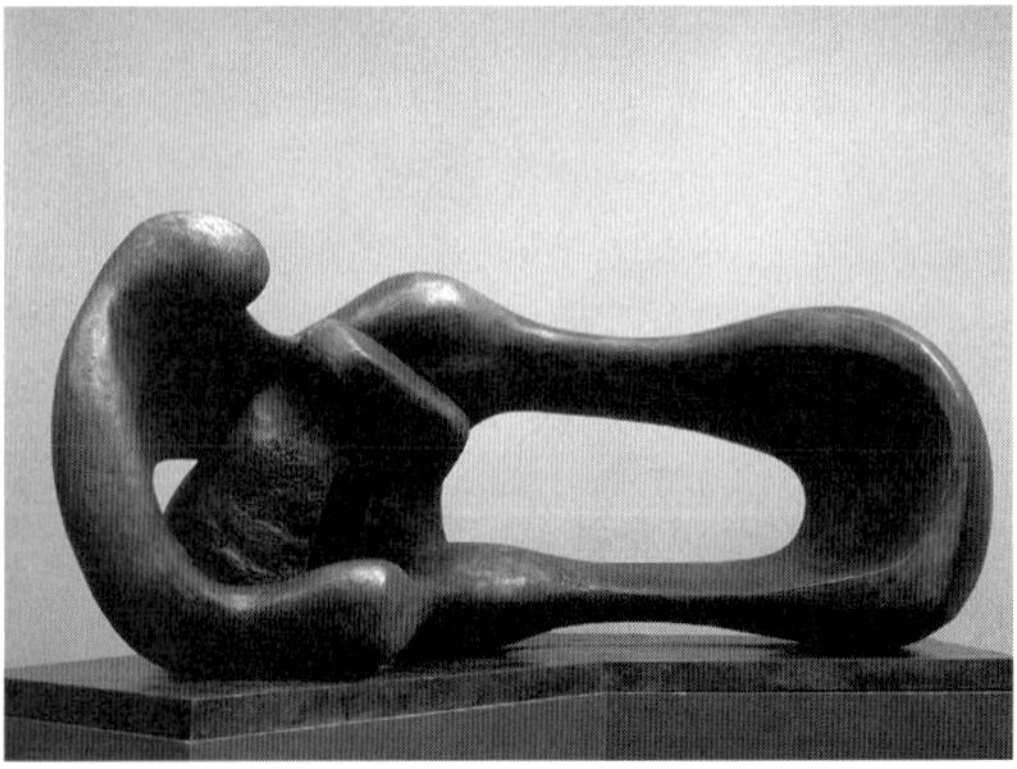

うに絵画は空間の芸術であり、カンヴァスや紙のうえに描かれ、運動体をつくる手立てをもたないからである。けれども、ちょうど私の網膜上の流星の痕跡が移行を、〔すなわち〕その痕跡に含まれていない運動を私に示唆するように、動かないカンヴァスは場所の変化を示唆することができるように思われるかもしれない。たとえば生き物〔を描いた絵〕の場合なら、前後のあいだで宙吊りにされた不安定な姿勢として表されるように、適切に混ぜ合わされた一連の瞬間的な見えを与えることで、絵は私の眼に実際の運動が与えるのとほとんど同じものを与えてくれるのであって、要するに絵は、場所の変化の外観を与え、見る人はその変化を、変化の痕跡のなかに読みとるのではないだろうか。ロ

▶ヘンリー・ムーア
『横たわる母と子』一九六一年
Reclining Mother and Child 1961 LH 480 bronze,
Photo: The Henry Moore Foundation archive,
Reproduced by permission of The Henry Moore Foundation

ダンの有名な指摘が重要性をもつのはまさにここにおいてである。ロダンによれば、瞬間的な見え、不安定な姿勢は運動を石化させてしまうのだ——競技者が永遠に凝固している多くの写真が示すように。見えを増やしたところで競技者を溶かすことはできないだろう。マレー*一の写真、キュビスムの分析*二〔的作品〕、デュシャン*三の『花嫁』、どれをとっても動いておらず、それらはまるで運動に関するゼノンのパラドクス*四を夢想させる。そこに見えるのは関節をがたつかせている甲冑のような固い身体であり、その身体は魔法のようにここにもそこにもあるが、ここからそこへと進むことはない。なるほど、映画は運動を与えるが、だが、どうやってだろうか。一般に思われているように、場所の変

（一）マレー（Etienne-Jules Marey, 1830-1904）
フランスの生理学者、医師。一八八二年に、映画の原型となる、ライフル銃のような形をした連続撮影機を発明する。

（二）キュビスムの分析
ブラックとピカソによってはじめられたキュビスムは、通常、切り子細工のような細分化された面分割を特徴とする分析的段階（一九一〇～一九一二年）と、これらに意図的な形態と色彩を与えて再構成を行う総合的段階（一九一二～一九一四年）に区分される。

（三）デュシャン（Marcel Duchamp, 1887-1968）
フランス生まれ、後にアメリカで活動。初期にはキュビスム的な『階段を降りる裸体No.2』のような絵画作品を制作しているが、渡米後はガラスを支持体とした『大ガラス』、そして、男子用小便器を逆さに置いた『泉』を代表とするレディ・メイド作品によって、

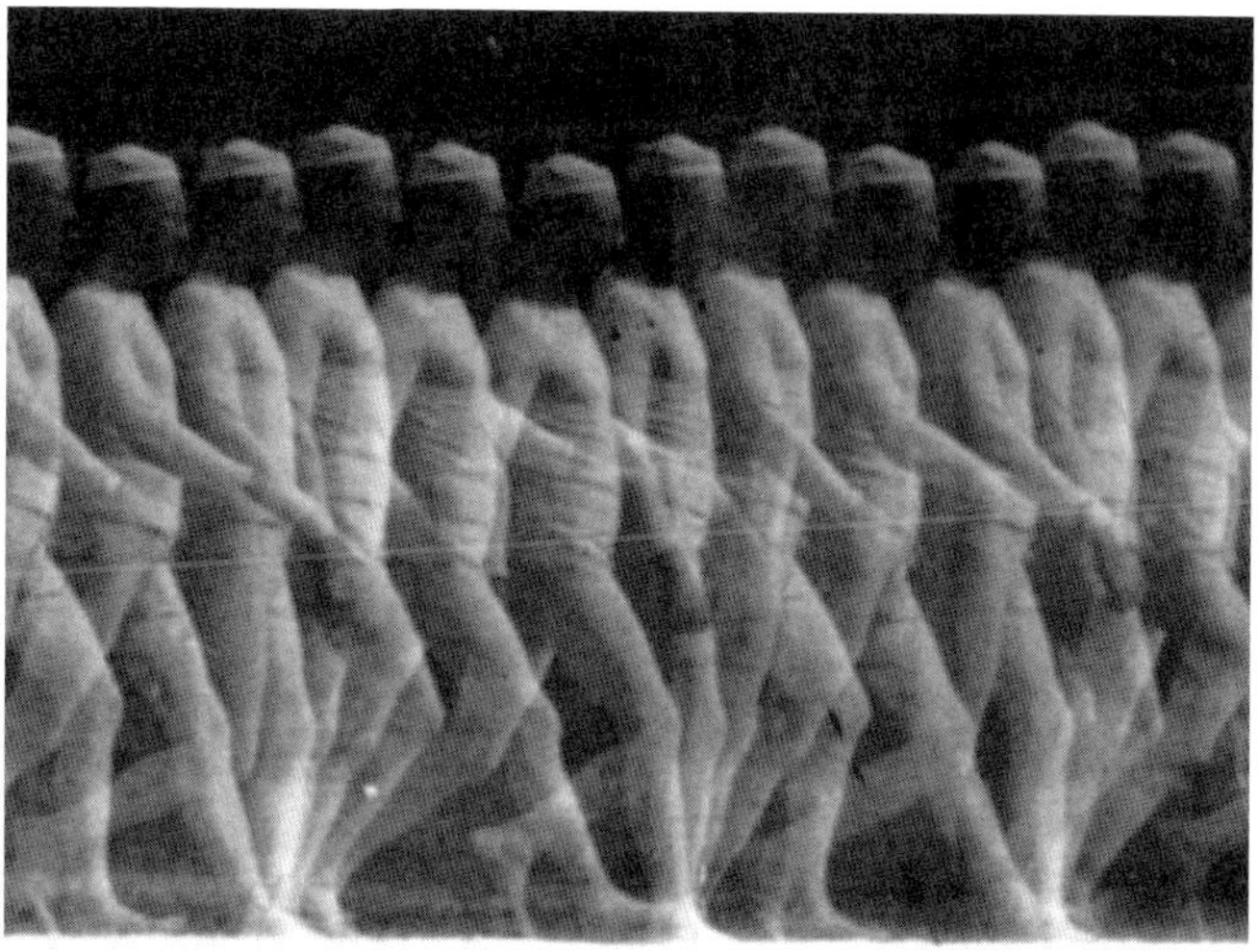

エティエンヌ・ジュール・マレー『クロノフォトグラフ』1883年

現代美術に大きな影響を与えた。

(四) ゼノンのパラドクス

エレアのゼノンが作ったというパラドクス(正しそうに思われる前提から、妥当と思われる推論を経て、不合理な結論を導く議論)で、運動の不可能性を論証するもの。「二分割」、「アキレスと亀」、「飛矢」、「競走路」と呼ばれる四つのパラドクスがあるが、ここでは、「二分割」のパラドクスだけ紹介しておく。

ある場所に到達するためには、まずその半分の地点に到達しなければならない。ところが、その半分の地点に到達するためには、さらにその半分の地点に到達しなければならず、以下同様に無限に分割を続けていくと、ついには一歩たりと踏み出すことさえできなくなる。よって、運動は不可能である、というパラドクス。

ジョルジュ・ブラック『ラ・ロッシュ・ギュイヨンの城』1909年

マルセル・デュシャン『階段を降りる裸体 No.2』1912 年

化をいっそう念入りに写しとることによってだろうか。察しのとおり、答えは否である。なぜならスローモーションが与えるのは、海藻のように対象のあいだを漂う身体であり、動く〔自分を動かす〕ことのない身体だからである。ロダン[*一]が言うには、[☆35]運動を与えるもの、それは腕、脚、胴、頭がそれぞれ別の瞬間に捉えられている一つの像であり、それゆえ、いかなる瞬間にもなかった姿勢で身体を形づくり、その諸部分を虚構によって強引につなぎ合わせる一つの像であって、それはあたかも、その両立不可能なものどうしの鬩ぎ合いが、そしてそれだけが、ブロンズのなかやカンヴァスのうえに移行と持続を湧出させることができるかのようなものである。運動を写すのに成功したスナップ

（一）ロダン（François-Auguste-René Rodin, 1840-1917）
フランスの彫刻家。近代彫刻の父と称される。ミケランジェロに影響を受け、生命力と量感にあふれた作風を特徴とする。代表作に『カレーの市民』、『地獄の門』、『考える人』等。

（原注35）
RODIN, *L'art*, entretiens réunis par Paul Gsell, Paris, 1911.

（二）その両足を地面につけた瞬間に撮られたときのように

ショットとは、たとえば歩いている人がその両足を地面につけた瞬間に撮られたときのように、[*二] こうした逆説的な配置に近づいているものだけである。というのも、そのときそこには、人が空間を跨ぎ越すことを可能にする身体の時間的遍在性に近いものがあるからである。絵はその内的不一致によって運動を見させるのであり、つまり、身体の各部位の位置が、身体の論理によれば他の部位の位置と両立しえないというまさにそのことによって別々の時を刻印され、そしてそれらの部位全部が一つの身体の統一性のなかで可視化されているときに、まさに身体が持続を跨ぎ越しはじめるのである。その運動は、とある虚焦点[*三]において、脚、胴、腕、頭のあいだであらかじめ計画されている何も

▶オーギュスト・ロダン『歩く人』一九〇〇年
愛知県美術館

（三）虚焦点
周知のように、凹レンズでは、レンズの軸に平行に入射する光が、凸レンズのようにレンズの反対側で焦点を結ぶことなく発散光となるが、その発散光が、実際にはない一つの光源（虚焦点）から発せられたかのように見える。そのように、別々のところ(別々の瞬間)から発した部分像が、まるで一箇所から（同時に）一つの全体像として発したように見えるということ。

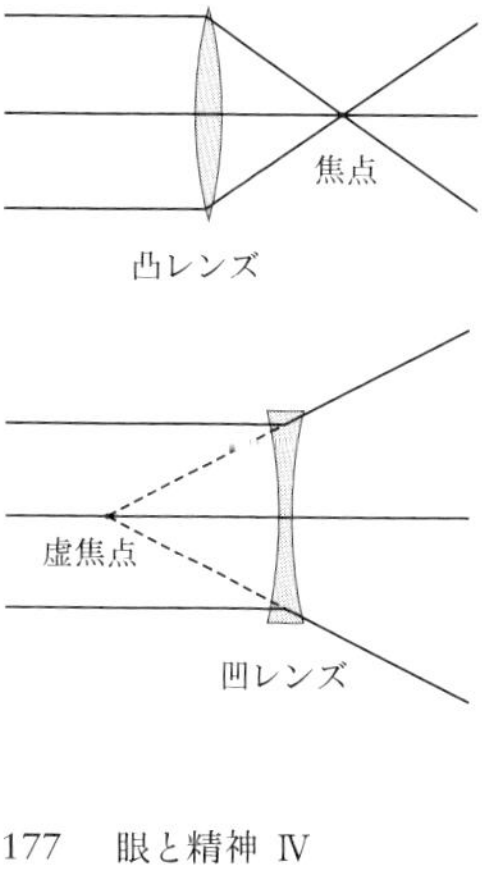

のかであり、場所の変化へと炸裂するのは、その後になってからでしかない。地面に触れていない瞬間に写された馬、それゆえ、両脚をお腹につかんばかりに折り曲げてまさに運動している瞬間に写された馬は、どうしてその場で飛び上がっているふうにしか見えないのだろうか。どうして逆にジェリコー*一の馬たちは、ギャロップ中のどんな馬も絶対にとったことのない格好をしていながら、カンヴァスのうえを疾走しているのだろうか。それは『エプソムの競馬』の馬たちが、馬の身体が地面を摑まえるのを私に見させるからであり、そしてまた、私がよく知っている身体と世界の論理からして、このように空間を摑むことは持続をもまた摑むことだからである。ここでロダンが語った言葉には

（一）ジェリコー（Théodore Géricault, 1791-1824）
フランスの画家。古典主義から出発しながら、その躍動感と鮮烈な色彩、また徹底的な観察によって、ロマン派や写実主義の先駆となる。若い頃から馬に熱中し、馬を題材にした作品を多く残している。代表作に、『メデューズ号の筏』、左の『エプソムの競馬』一八二一年（部分）等。

深いものがある。「正直なのは芸術家で、写真が嘘つきなのだ。現実においては時間は立ち止まらないのだから。[☆36]」とロダンは言う。写真は時間の推進力がただちに閉ざしてしまうもろもろの瞬間を開いたままにし、絵画が逆に目に見えるようにしてくれる時間の自己超出、侵食、「変身」を壊してしまうのであって、というのも、それらの瞬間において馬たちが示しているのは「ここを去り、そこへ行くこと」[☆37]だからであり、[*二]馬たちは各瞬間に片脚だけを突っ込んでいるからである。[*三]絵画は運動の外観ではなく、その内密の暗号を探し求めている。だが、ロダンが語っている暗号よりもさらにいっそう秘かな暗号があるのであって、すなわちそれは、あらゆる肉が、そしてさらには世界の肉が、

（原注36）
RODIN, *L'art*, entretiens réunis par Paul Gsell, Paris, 1911, p.86. ロダンは引用の言葉を「変身」のもっと後で使っている。

（原注37）
Henri MICHAUX, *Aventures de lignes*.（アンリ・ミショー「線の冒険」、『ミショー芸術論集』小島俊明訳、思潮社、一九七五年、所収）

（二）ここを去り……だからであり
「ここを去り、そこへ行くこと」であって、「ここからそこへ行くこと」ではない。

（三）各瞬間に片脚だけを突っ込んでいる
ポイントは「片脚」という点にある。ロダンの彫刻が運動を表すことができたのは、瞬間に「両足」を着けるという逆説的な仕方によってであった。

それ自身の外に放射するということである。しかし、時代や学派に応じて目に見える運動に関心を示すこともあればモニュメンタルなものに関心を示すこともあるが、絵画はつねに肉的なもののうちにあるのだから、絵画が完全に時間の外にあることはけっしてないのである。

〔40〕おそらくいまや、見るということの小さな語が担っているすべてをよりよく感じとることができるだろう。視覚は思考の一様態や自分自身への現前ではなく、私に与えられた、自分自身の許にいない方法*一であり、内側から《存在》の分裂*二に立ち会う方法であって、ただその分裂の果てにおいてのみ、私は自分を自分に閉ざす〔死ぬ〕のである。

〔41〕画家たちはつねにこのことを知っていた。ダ・ヴィン

（一）自分自身の許にいない方法
第15段落のマルブランシュの言葉を想起せよ。「精神は眼から出て物のなかへ散歩に出かけるということ」。見ることが対象の許に出かけていくことであるなら、自分の許にはいないことになる。

（二）《存在》の分裂
分裂と訳した語はfissionで、物理学用語としては核分裂を、生物学用語としては細胞分裂を意味する。一つの細胞が分裂を重ね、やがて肉体となり、その肉体は見る者であると同時に見えるものとなり、と同時に、その者に対して世界が見えるものとして、多様な「ある」として現れてくる。補注26参照。

チは「絵画的知」[☆38]というものを挙げ、それは言葉によって語るのではなく（ましてや数によって語るのでもなく）、自然物と同じような仕方で見えるもののなかに実在している作品によって語りながらも、「全世界のあらゆる世代の人たちに」伝わるものであると語っている。後にリルケ[*三]がロダンに関して述べたように、作品のなかに物の形を「開封されざるまま」[☆39]移し入れるこの沈黙の知は、眼からやってきて眼に差し向けられている。眼を「魂の窓」として理解しなくてはならない。「眼は……それによって、宇宙の美が私たちの観想に対して啓示されるものであるが、もしそれを失わざるをえないとしたら、自然が作り出すどんな作品も認識できなくなってしまうほどに素晴らしいものである。

（原注38）
Robert DELAUNAY, *Du cubisme à l'art abstrait*, cahiers publiés par Pierre Francastel, Paris, 1957, p.175.（ドローネー『キュビスムから抽象芸術へ』未邦訳）

（三）リルケ（Rainer Maria Rilke, 1875-1926）オーストリアの詩人、作家。ルー・ザロメ、ロダン、ジッド、ヴァレリーなどと交わり、とりわけロダンには深い影響を受け、一時は彼の私設秘書も行っていた。代表作に『マルテの手記』、『ドゥイノの悲歌』、『ロダン論』等。

（原注39）
RILKE, *Auguste Rodin*, Paris, 1928, p.150.（リルケ「オーギュスト・ロダン」『リルケ全集』第八巻、田代崇人他訳、河出書房新社、一九九一年、二二一頁）

創造の無限の多様性を提示してくれる眼のおかげで、そうした自然の作品を眺めることができるからこそ、魂は身体という牢獄のうちに満足してとどまるのだ。それゆえまた、眼を失う人はその魂を暗い牢獄のなかに遺棄することになり、そこではもはや宇宙の光たる太陽をふたたび目にする一切の希望が断たれてしまうのである。」眼は魂に対して魂ならざるものと神を、〔すなわち〕物たちの至福の王国と太陽を開示するという奇跡を成就する。デカルト主義者なら、実在の世界は見えるものではなく、唯一の光は精神の光であり、あらゆる視覚は神のうちでなされる*一と信じることができるだろう。しかし画家ならば、私たちが世界に開かれているのは錯覚かさもなくば間接的にでしかなく、私

（一）あらゆる視覚は神のうちでなされる　マルブランシュの考え方を指す。「万物を神のうちで見る」とマルブランシュは言う。補注27参照。

たちが見ているものは世界そのものでなく、精神はただ自分の思考や他の精神にのみ関わるということに同意することなどできはしない。画家は魂の窓という神話を、それにともなうすべての難問とともに受け入れる。すなわちその難問とは、場所をもたないもの〔魂〕がある一つの身体〔物体〕に縛りつけられていなければならず、しかもさらに厄介なことに、その身体によって他のすべての身体〔物体〕と自然とに交わることができるようになっているのでなければならないという難問である。視覚が私たちに教えることを文字通りに受け取らなければならない。すなわち、視覚によって私たちは太陽に触れ、星々に触れるのであり、同時に至る所に存在し、近くの物のそばにいると同様に遠くの物のそばにもいるし、さらにまた、別の場所にいる自分を想像する能力——「ペテルブルクでベッドのなかにいながら、私の眼はパリで太陽を見ている」[☆40]——も、それがどこにあろうと現実に存在しているものを自由に志向する〔思い浮かべる〕能力も、視覚の力を借りて、視覚から得た手段を転用しているのである。ただ視覚だけが私たちに、互いに異質で「外的」で無関係な存在が、それにもかかわらず絶対に一緒にあるということ、すなわち「同時性」——子供が火薬をもてあそぶように心理学者たちがもてあそんでいる神秘——を教えてくれる。ロベール・ドローネーは簡潔に、「鉄道は平行線に近づいて行く継起的なものの像である。すなわち、レールの等しさ。」[☆41]と語っている。収斂しか

（原注40）　Robert DELAUNAY, *Du cubisme à l'art abstrait*, cahiers publiés par Pierre Francastel, Paris, 1957, p.115 et. p.110.（ドローネー『キュビスムから抽象芸術へ』未邦訳）

（原注41）　同上。

つ収斂しないレール、彼方において等距離にとどまるために収斂するレール、私と独立に存在するために私のパースペクティヴにしたがって存在する世界、私なしに、世界として存在するために私にとって存在する世界。「視覚的感覚質」[☆42]は私に、そして私だけに、私でないもの、それだけで単純にして十全に存在しているものを眼の前に提示してくれる。[*一] そうしてくれるのは、視覚的感覚質が普遍的な可視性のいわば織地のような凝結物であり、分離し、再結合し、あらゆる統合を維持する唯一の《空間》の凝結物だからである（そしてさらに、もしも過去と未来が同一の《空間》に属する部分でなければその統合はないだろうから、その唯一の空間は過去と未来の統合を維持しているもので

（原注42）
同上、p.110.

（一）「視覚的感覚質」は……提示してくれる。
たとえば林檎が私に与える赤さの感じと、あなたに与えるだろう赤さの感じは比べようもなく、それぞれ独自で主観的である（文中の「私だけに」という表現に注意せよ）。にもかかわらず、まさにそうした色や形や大きさ等の視覚的な感じ（「視覚的感覚質」）を通して、私もあなたも林檎そのもの（「私ではないもの」）を捉えている。

もある）。視覚的なものはそれぞれ、どれも個体でありながら次元としても機能するのだが、それは、それらが《存在》の裂開の結果として与えられるものだからである。結局このことが言わんとしているのは、見えるものの特質とは、見えるものが一定の不在として眼の前に現前させる、厳密な意味での見えないものによって仕立てられた裏地をもつ、ということである。「昨日私たちの対極にいた印象派の人々が、彼らの時代にあって日常的光景の新芽や茂みのあいだに彼らの住まいを建てたことはまったく正しいことであった。私たちはと言えば、私たちの心臓は私たちを奥行きへと運ぶために脈打つ……。これらの奇妙なものたちは……実在となるだろう……。なぜなら、これら奇妙なものたちは、見えるものをさまざまな度合いで復元するだけにとどまらず、秘かに気づかれていた見えないものの寄与をそこに付け加えるからである。☆43」正面から眼にやってくるもの、見えるものの正面的特性といったものがある――しかしまた、下から眼にやってくるもの、身体が見るために立ち上がるさいの姿勢による深い潜在性というものがある――さらにまた、視覚がもはや起源の重力ではなく、自由な達成に参与するような、飛翔や水泳や運動のあらゆる現象のように上から視覚にやってくるものがある。☆44 それゆえ、画家は視覚によって二つの両極端に触れるのだ。見えるものの最古層において何かが蠢《うごめ》き、火が灯り、それが画家の身体に侵入してくる。彼の描くすべてはその誘いかけ

（原注43）
KLEE, *Conférence d'Iéna*, 1924, d'après W.GROHMANN, op.cit, p.365.〔クレー「イエナ講演」の一節で、引用は、前出のW. GROHMANN, *Paul Klee*, trad.fr. Paris, 1954.（グローマン『パウル・クレー』〔仏訳〕未邦訳）による。「イエナ講演」の邦訳は「造形手段の領域における展望と位置決定、および造形手段の空間的秩序」という表題で、『造形思考』上、土方定一他訳、新潮社、一九七三年に収録されている。引用の該当箇所は、一四八～一四九頁〕

（原注44）
KLEE, *Wege des Naturstudiums*, 1923, d'après G.DI SAN LAZZARO, *Klee*.（「自然研究の方法」、『造形思考』上、土方定一他訳、新潮社、一九七三年、所収）〔メルロ＝ポンティの引用は、ディ・サン・ラザーロ『クレー』（未邦訳）による。分かりにくい箇所なので、補注28に前後を含めて引用しておく。〕

に対する応答であり、彼の手はその「遥かなる意志の道具」でしかない。視覚とは、《存在》のあらゆる様相の、いわば交差点における出会いなのである。「ある火が生きようとして目覚める。案内人の手にひかれて進みながら、火は支持体に達し、侵入し、次いで火花を散らしながら、火が辿るべきであった円環を閉じる、すなわち眼へと回帰し、さらにまた彼方へと向かう。[☆45]」この回路にはいかなる切れ目もなく、どこで自然が終わり、どこで人間や表現がはじまるのかを言うことはできない。ということは、まさに無言の《存在》そのものが、それ自身の意味を表明しにやってきているのである。具象か否かというディレンマが間違った問い方だというのも、まさに以上の理由による。どんなに具

(原注45)
W.GROHMANN, *Paul Klee*, trad.fr. Paris, 1954, p.99.（グローマン『パウル・クレー』［仏訳］未邦訳）〔メルロ＝ポンティはグローマンから孫引きしているが、出典は「創造についての信条告白」、『造形思考』上、土方定一他訳、新潮社、一九七三年、所収〕

象的な絵画にあっても、葡萄がありのままの葡萄であったことはないということ、他方、抽象であってさえ、どんな絵画も《存在》を回避することはできないのだということ、つまり、カラヴァッジョの葡萄が葡萄そのものであるということ、それは本当のことであると同時に、そこに矛盾はない。[☆46] 人が見たり見させたりするものに対する存在しているもののこの歳差、[*一] 逆にまた、存在しているものに対する人が見たり見させたりするもののこの歳差、それこそが視覚にほかならない。そして、絵画の存在論的定式を与えるためには、画家の言葉にほんの少し手を加えてやるだけでよい。というのも、クレーは二七歳のとき、後に彼の墓碑に刻まれる言葉としてこう書きつけているのだから。「私

（原注46）
A.BERNE-JOFFROY, *Le dossier Caravage*, Paris, 1959, et Michel Butor, *La Corbeille de l'Ambrosienne*, NRF, 1960.（ベルヌ・ジョフロワ『カラヴァッジョ考』未邦訳、およびミシェル・ビュトール『アンブロジアーナの花籠』未邦訳）

（一）歳差
歳差とは、傾いて回転するコマのように、自転軸の両端が円を描くように振れる現象のこと。存在しているものは、私たちが見たり見させたりする以上のものである（対象のすべての面を見尽くすことは不可能である）と同時に、私たちは対象のうちにじっさいに存在しているもの以上のものを見てとる（第12段落の「現実的なものの想像的な織地」を参照）。一方の極では、存在するものが見ているものを超えていると同時に、他方の極では、見ているものは存在するものを超えている。どちらの極においても両者が一致することはなく、その不一致（垂直軸からぶれているか

は内在においては捉えられない[☆47]……」

ら両極で円を描く）において知覚は成立しているということ。

（原注47）

P. KLEE, voir son *Journal*, trad.fra. P.Klossowski, Paris, 1959（『クレーの日記』南原実訳、新潮社、一九六一年）〔原文は、「この世では、私は捉えられない」であり、メルロ＝ポンティが参照しているクロソウスキーの仏訳もドイツ語原文に忠実である。「この世では」を「内在においては」に変えたのはメルロ＝ポンティである。〕

V

〔42〕奥行き、色、形、線、運動、輪郭、外貌、これらはすべて《存在》の分枝であり、その各々がまた茂み全体を甦らせることができるのだから、絵画においては分離した「問題」などないし、本当の意味で対立しあう道も、部分的「解決」も、蓄積による進歩も、回帰なき選択もない。たとえばルオー[*一]の輪郭がアングル[*二]の輪郭でないように、その語らせ方はもちろん異なるにせよ、画家がかつて遠ざけていた象徴の一つを取り上げ直すことはけっしてありえないことでない。光——「それはスルタンの老妃のようなもの

（一）ルオー（Georges Rouault, 1871-1958）
フランスの画家、版画家。ボ・ザールでモローに学ぶ。同期にマティスがいる。道化や娼婦など社会の底辺にいる人々を描くことから、やがてキリストや聖女など宗教画へと向かう。無骨な黒く太い輪郭線と重厚で強烈な色彩を特徴とする。

（二）アングル（Jean-Auguste-Dominique Ingres, 1780-1867）
フランスの画家。ロマン主義のドラクロワに対して、新古典主義の旗手として一九世紀を代表する画家。滑らかで繊細緻密な輪郭線を特徴とする。

で、その魅力は今世紀初めにはしおれてしまった」とジョルジュ・ランブールは言う☆48――は、最初マチエールの画家たちによって追放されてしまったが、最後にはデュビュッフェ*一のもとで、マチエールのある種の織地として再生してくる。こうした回帰からはけっして逃れえない。それに、ほとんど思いもかけない一致といったものもある。たとえばジェルメーヌ・リシエ*二の彫像にはロダンの断片を思わせるものがあるが、それはまさに、彼らが彫刻家であったから、すなわち、《存在》の唯一にして同じ網に結び付けられているからである。まさにこれと同じ理由で、けっして何も〔決定的なものとして〕獲得されることはない。ビロードを描くにせよウールを描くにせよ、自分の最も好む問題の一

（原注48）
G.LIMBOUR, *Tableau bon levain à vous de cuire la pâte; l'art brut de Jean Dubuffet,* Paris, 1953.〔ランブール『タブロー、あなたが生地を焼くためのとっておきのパン種：ジャン・デュビュッフェのアール・ブリュット』未邦訳〕〔ジョルジュ・ランブール（Georges Limbour, 1900-1970）は、フランスの旅行家、詩人、小説家。最初シュルレアリスムに加わるがブルトンに除名される。その後、バタイユらと交わり、雑誌『ドキュマン』に協力。詩や小説の他、画家たちについて数多くのエッセイを残している。代表作に『沈む太陽』、『極地の子』、『ヴァニラの木』等。〕

（一）デュビュッフェ（Jean Dubuffet, 1901-1985）
フランスの画家で、アンフォルメルの先駆者。既存の価値観に影響されていない子供や精神障害者等が描いた絵をアール・ブリュット（生の芸術）として高く評価した。

つと「取り組む」ことで、真の画家は自分の知らぬまに他のすべての問題の所与[*三]を覆してしまう。いかに部分的に見えても、彼の探求はつねに全体的である。ある技法を手に入れるやいなや、彼はかつて自分が表現しえたすべてのものが、そこでは別なふうに語りなおされなくてはならないのだ。かくて彼の絵を前にしては、他の絵の方が別の領野を自分が切り開いたことに気づく。それゆえ、彼は自分が発見したものをまだ所有しておらず、それはなお探求されるべきものであり、その発見は他の探求を呼び求めているのである。普遍的絵画、絵画の総体、完全に実現された絵画、そうした理念に意味はない。あと何百万年経とうと、もしまだ世界があるならば、画家たちにとって世界はまだ描かれるべきものであるだろうし、世界はついぞ

（二）ジェルメーヌ・リシエ(Germaine Richier, 1904-1959)
フランスの女流彫刻家。ブールデルに師事。シュルレアリスムや表現主義を思わせる、力強く幻想的な作品を特徴とする。代表作に『ドン・キホーテ』等。

（三）所与
議論の余地がないと考えられている事実や原理。

完全に描き終えられることなく終わるだろう。パノフスキーが示したように、絵画の「諸問題」、すなわち絵画の歴史を磁化させる諸問題は、往々にして、まず最初にそれらの問題を提起した探求のまっすぐな延長線上においてではなく、逆に画家たちが行き詰まりのあげく当の問題を忘れたかのようになって、別の問題に惹き寄せられているさなか、突如まったくの気晴らしに問題を再発見し障害を飛び越えるそのときに、斜めにずれたところで解決される。*一 回り道をしたり、違反を犯したり、道をはみ出したり、急に突進したりしながら迷宮のなかを進んでいくこの声なき歴史性が意味しているのは、画家が自分の望んでいるものを知らないということではなく、画家が望んでいるものは目

▶上　ジェルメーヌ・リシエ『やせすぎの女』一九四五年
©VG BILD-KUNST, Bonn & JASPAR, Tokyo, 2014 D0916
©ADAGP, Paris, 2015-Cliché: Thierry Dehesdin / Banque d'Images de l'ADAGP / DNPartcom
▶下　オーギュスト・ロダン『うずくまる女』一八八二年　©ARTOTHEK/アフロ

（一）パノフスキーが示したように……解決される。
『〈象徴形式〉としての遠近法』第三章を参照。「特定の芸術的諸問題に向けられた労苦が一定限度まで推し進められ、——かつて採択された諸問題からしては——もはやそれ以上同じ方向に進んでみても無効だと思われるようになると、通常大きな逆転ないし〔…〕方向転換が起こり、〔…〕まさしくすでに獲得されたものが放棄されることによって、〔…〕つまりまさしくある距離を置くことによって、以前すでに着手されたことのある諸問題の創造的な採り上げなおしが準備されることになる〔…〕。」（三六頁）

的や手段以前のものであるということであり、この声なき歴史性が、私たちのあらゆる有益な活動を高みから差配しているのである。*一

〔43〕私たちはあまりにも知性的合致*二という古典的理念に囚われすぎているために、絵画というこの無言の「思考」は、しばしば私たちに、ひしめき合うだけの虚ろな意味、麻痺した言葉、あるいは流産した言葉にすぎないという印象を与える。そしてもし、これに対して人が次のように応えるならば、すなわち、『どんな思考もその支持体から完全に切り離すわけにはいかないのだし、語る思考の唯一の特権は、自分の支持体を取り扱いやすいものにしたこと*三にあるのであって、絵画が描く形象と同じように文学や哲学が描

(一) 高みから差配しているのである。
何がどんな目的の手段として役立ったかは、後から捉え直したときにはじめて明らかになるものであって、その時々に画家が望んでいるものを超えている。この意味で「歴史性が差配」しているのであって、その背後に歴史そのものを差配しているような究極目的、理念、あるいは神のような存在を想定しているわけではない。

(二) 知性的合致
アリストレス以来の伝統的な真理観で、一般に「真理の対応説」と呼ばれる。その定式化としてはトマス・アクィナスによる「知性と事物との合致」(adaequatio intellectus et rei) という表現がもっとも有名である。真理論にはほかにも「整合説」、「合意説」、「効用説」、「定義不可能説」等があるが、ハイデガーはギリシア語の原義に遡り、真理を「隠れなさ」と捉え、存在が明るみに出ることとした。補注29参照。

く形象もまた、真には獲得されず、確固不動の宝物庫に蓄えられるものでもなく、科学でさえ、サイバネティクス論者たちの「感性情報」や物理数学的な「演算群」のように、密、開、破れといった存在〔あり方〕に満ちた、「基底的なもの」の地帯があることを認めるようになってきており、そうした地帯を余すところなく処理することなど論外であって、要するに、私たちはどこにおいても客観的な総決算などできる状態にはなく、進歩そのものがあるなどと考えるわけにもいかない、つまり、ある意味で進歩などないのが人間の全史なのだ』と応えたとしたら、これに対して、悟性はラミエル*四のように、なんだ、たったそれだけのことかと言うだろうか。理性が到達した最高地点とは、私たちの

（三）語る思考の唯一の特権は……取り扱いやすいものにした
思考には言葉という支持体があり、言葉にもまた声という支持体がある。

（四）ラミエル
ラミエルは、スタンダールの未完の小説『ラミエル』の主人公。構想によれば、孤児院から拾われた少女がやがて公爵夫人となるものの、複数の愛人をもったあと、最後に詩人にして盗賊たる男を愛し破滅へ至るという粗筋であった。引用の場面は、大人たちが罪として禁じている愛なるものがどういうものか知りたくて、一六歳のラミエルが馬鹿な男を誘惑して森へ誘い身体をまかせたその直後である。男が去って行くのを見やりつつ、笑いだしながら自分に向かってこう繰り返す。「なんだ、あのたいへんな恋というものは、ただこれだけのものか！」補注30参照。

足下で起きているこの地滑りを確認することにすぎず、不断の茫然自失状態を大仰にも問いかけと名づけ、堂々めぐりを探求と名づけ、けっして完全には存在していないものを《存在》と名づけることなのだろうか。

〔44〕この幻滅はしかし、肯定性〔のみ〕を求め、空虚は〔やがて〕それによって隙間なくすっかり埋め尽くされるはずだと誤って想像してしまうがゆえに生ずる幻滅である。*一 それは、自分自身がすべてでないことを悔しがる未練である。確たる根拠があるわけでもない未練。というのも、絵画であれ他の領域であれ、私たちが諸文明間のヒエラルキーを打ち立てることも、進歩について語ることもできないのは、何かの運命が私たちを後ろへ引き留めているからでは

（一）この幻滅は……幻滅である。
セザンヌの『ヴァリエの肖像』の空白やムーアの彫刻の穴を想起せよ。それらは埋められるべき未完の空虚ではなく、むしろそれらこそが、色があるという肯定性や、量塊性という存在の厚み、存在の肯定性を支えているものであった。同様に、歴史もまた、欠如や無知といった否定的状態から、すべてが満たされ実現されるという肯定的な完成状態へと向かって進んでいくものではない。

なく、むしろ、ある意味で最初の絵画がすでに未来の果てにまで進んでしまっているからである。いかなる絵画も、絵画なるもの全体を完成させることがなく、それればかりかどんな作品でさえも絶対には完成されることがないのは、個々の創造が他のあらゆる創造を変化させ、歪め、解明し、深め、裏づけ、強化し、創造しなおし、あるいは前もって創造しておいたからである。それらの創造が獲得物でないのは、たんに他のあらゆる物と同様に、創造が過去のものとなりゆくからというだけでなく、創造が、その生命のほとんどすべてを己れの未来にもっているからなのである。

補注

補注1　ガスケ『セザンヌ』

著者のジョアキム・ガスケ（Joachim Gasquet, 1873-1921）は、セザンヌの同郷の友人アンリ・ガスケの息子で、後に詩人となる。晩年のセザンヌと親しく交わり、その記録（とはいえ、おそらくはかなり文学的に脚色された）として本書を死の直前の一九二一年に発表した。

以下は、ガスケ『セザンヌ』よりの引用である（『眼と精神』に直接引用されている箇所には傍線を引いておいた）。同時に、補注9にもまとまった箇所を引用しておいたので参照してほしい。

> あなたに伝えようとしていることはもっと不思議で、存在の根源や手にとってみるわけにはゆかない感覚の源にからまっているものなのです。しかしそれこそが、私の思うに、資質《テンペラーマン》をつくり上げるのだ。そして、原動力すなわち気質なるものの他には、一人の人間を、達成したい目標まで支えてくれるものはない。先ほどあなたに申し上げたが、仕事をしているとき、芸術家の、自由なる頭脳は、感光板のよう、ただの受信機のようでなくてはなりません。しかしですね、この感光板は、たいへん凝ったいろいろな液に漬かってきて、物の丹念な像が浸透することができるくらいの受容点に達しています。気長な仕事や熟考や勉強やさまざまの苦労、そして喜び、つまり人生というものが、この感光板の下準備をしてきた。巨匠たちの技法をたえず熟慮すること。そして、ふだんわれわれの動いている環境……あの太陽、ちょっと聞い

てください……光線の偶然や、世界中にわたっての太陽の運動や浸透や化身というものをいったい誰がいつ描くでしょうか、誰が見るでしょうか。地球の物理的な歴史、地球の心理学のようなものでありましょう。生きものも物も、全部多かれ少なかれ、貯蔵された、組織化された、ほんの少量の太陽熱にすぎません、太陽の思い出の品というか、世界の脳味噌のなかで燃えるほんのちょっぴりの燐《りん》にすぎません。〔…〕私は、その本質を抽出したい。世界の脈絡のない倫理、それは世界が再び太陽になろうと思ってしているのかもしれない努力なのです。そこに、世界の抱いている神の夢、神の感情、神の概念があります。どこでもかしこでも、光線が暗い扉をたたいています。どこでもひとつの線がひとつの色調を包囲して、虜《とりこ》にしている。私はそれを自由にしてやりたい。われらがプロヴァンスや、私の想像するギリシアやイタリアという古典的な大国は、光明が精神性を帯びて、風景は鋭い知性のほんのりした笑みのようなものであるくになのです。……われわれのくにの雰囲気《アトモスフェア》の繊細さは、われわれの精神の繊細さと通じるところがあります。互いに互いが含まれているのです。われわれの頭脳と宇宙が接する場は、色彩です。だから、真の画家たちには色彩が劇性《ドラマ》に満ち満ちて現れるのですよ。あのサント・ヴィクトワール山を見てごらんなさい。なんという勢い、なんという太陽の激しい渇望、そして晩になってあの重量が全部下りてきたときのなんというメランコリア……あの石の塊は火だったのだ。まだ中に火を秘めている。昼間、陰は震えながら後ずさりしているみたいだ、あの塊を怖れているみたいだ。上のほうに、プラトンの洞窟がある。大きな雲が通るとき、下へ落ちる陰は岩の上で、まるで焼かれたように、火の口に即座に吸い込まれたようにして震える、それに注意してごらんなさい。私は長い間、サント・ヴィクトワールが描けずに、どうして描けばよいかわからずにおりました。ものを見ることを知らない他の人たちと同じに、陰影が凹だと想像していたからです。ところが、ほら、見なさい、陰影は凸です、その中心から逃げています。縮むかわりに、陰影は蒸発して、液体化する。真っ青になってあたりの空気の呼吸に加わります。たとえばあそこ、右のほうの、ピロン・デュ・ロワの上空では、逆に光は湿気を含んで、きらめきながら揺れています。海です……、これを表現しなければならないんだ。これを知っていなければならないんだ。敢えて言うならば、この知識の溶剤にこそ、自分の感光板を漬けなければならないのだ。風景をうまく描くには、私はまず地質学的な土台を見つけ出さなければいけない。考えてもごらんなさい、世界の歴史は、二個の原子が出会って、二つの化学的な渦巻き、二つの舞踏が組み合さったその日から始まっている。あの大きな虹たち、あの宇宙的な数々のプリズム、空無の上にあるわれわれ自身の暁、私はルクレチウスを読みながらそういうものの立ちのぼってくるのが目に見えて、自分が飽和されてゆく。この霧雨の下で、私は世界の処女性を呼吸する。ニュアンスを受けとめる鋭い感覚が私をさいなむ。無限というものにそなわったすべてのニュアンスに私は彩られる。その瞬間、私は自分の絵と一体になる。われわれは虹色に輝く一つの混沌をなすのだ。私のモチーフの前に来て、私はそのなかに迷い込んでしまう。ぼうっと、もの思いにふける。

遠方の友のように、太陽は私のなかに鈍く浸入しては、私の怠惰をあたため、受胎させる。われわれ（絵と私）は発芽する。夜が再び下りてくると、ついぞ絵などは描いたことはなく今後も描くまいという気がする。夜が来ないと、土地から目が離せないのだ、私の溶け込んだこのわずかばかりの土地から。ある時あくる朝になって、地質的な土台がゆっくり見えてきて、いくつもの層が出来上がり、それは私の絵の大きな面《プラン》だが、石のその骨格を頭のなかで描く。水の下に岩が露出しているのや、空が重くのしかかるのが見える。すべてがきちっとおさまる。線的な様相が色の薄い動悸に包まれる。赤い土が深淵から出て来る。私は風景から少し離れ始め、風景が見えてくるのだ。この地質的な線、この最初のエスキスによって風景から足がぬける。地球の尺度なる幾何学。やさしい感情におそわれる。その感情の根から、樹液やさまざまの色彩がのぼってくる。一種の解放。魂の光を放つ様、地球と太陽の間に交わされる視線や外に露呈された秘儀ややりとり、理想と現実、色彩！　空気のような、色のついた論理が、暗い強情な幾何学に突如とってかわるのだ。すべてが、木々や畑や家が、有機的にまとまる。私には見える。斑紋が。地層や準備の仕事や素描の中の世界はへっこみ、災害にでも遭ったようにくずれ落ちている。激変がそれを持ちさらって、更生させた。新しい時代が生きている。真の時代！　すべてが同時に濃密で、流体的であり、そして自然である。その時代には、私の見逃すものはない。もう色彩の数々があるだけで、その内に光明があって、色彩を思考する存在と、太陽へ向かっての地球の上昇と、愛へ向かっての深奥からの発散がある。天才とは、この上昇というものを一瞬の平衡のなかに固定することなんでしょうね、もちろんその勢いを匂わせながら。私は、この考え、この感動の吐出、全宇宙の赤々とした炭火の上にあるこの存在の煙、それを自分のものにしたい。私の絵は重い、筆におもりがぶら下がっている。すべてが落下する。すべてが再び地平線の下に落下する。私の頭脳から私の絵の上に、私の絵から地球の上に。重々しく。空気や濃密な軽やかさはどこへ行ってしまったのだ。天才は、外気のなかのこれらのあらゆるものを、同じひとつの上昇、同じひとつの欲望にたばねて、その友情を引き出すことでしょう。遷りゆく世界の一瞬がそこにある。その現実のなかでそれを描く！　そしてそのためにすべてを忘れる。そのものになりきる。そのとき感光板であること。われわれ以前に現れたものはすべて忘れて、目に見えるもののイメージを与える。

（『セザンヌ』與謝野文子訳、岩波文庫、二二〇～二二五頁）

補注2　超越的ないし超越論的な根拠

超越的根拠と超越論的根拠の典型としては、デカルトにおける神（超越的根拠）とカントにおける超越論的主観性（超越論的根拠）が挙げられよう。

デカルトは、私たちが明晰判明に認識するものが確かに実在しているということの根拠を神の存在に求めた。すなわち、神が存在するならば神は誠実であり、誠実であるならば、神はいたずらに私たちを欺いたりはしないはずである。なぜなら、欺くとは弱さのしるしであり、そうした弱さは神に相応しくないのだから。よって、私たちの不注意によるものは別として、実在の認識は保証されている、というわけである。

他方カントは、ニュートンの万有引力に代表されるような自然法則が普遍性をもつことの根拠を、私たちの認識の仕組みに求めた。空間も時間も私たちとは別個にそれ自体として存在しているものではなく、まるで生まれながらに掛けられた色眼鏡のように、私たちが対象を捉えるさいにそれを通してしか捉えることのできない枠組みであり、そうして空間と時間を通して与えられたものを然々のものとして捉え、さらにそれらの物どうしの関係を規則的なものとして捉えるための概念も、世界の側にそれ自体としてあるのではなく、私たちの側に備わっているものだと考えた。次の補注3を参照。

補注3　「自然諸概念」がもちえた構成的価値

科学が明らかにする（と考えられている）自然法則が私たちの勝手な思い込みやその場かぎりのまぐれ当たりでなく、まさに自然そのものの普遍的かつ必然的な仕組みであると言えるのはどうしてなのか。これがカントが『純粋理性批判』において取り組もうとしていた問題であった。わけても、焦眉の問題は「因果性」にあった。カントの『純粋理性批判』に先立つことおよそ四〇年、ヒューム（イギリス経験論の代表的哲学者。主著に『人性論』）は「因果性」なるものは、たんに習慣に基づいた信念にすぎないと主張した。私たちの経験が教えるのは、たんにある種の出来事の近くやすぐ後でたいていある別種の出来事が起こるということにすぎず、そこに必然的連関があることは認識しようがない。しかし、もしヒュームの言うとおりだとすれば、ニュートン以来の自然科学のもたらした輝かしい成果もまた、たんに主観的信念にすぎないということになってしまうだろう。この問題に対してカントは、私たちの側にいわば物事を捉える枠組みが備わっていて、どんな経験の対象も、私たちに捉えられるときにはその枠組みに沿って秩序づけられるしかないと考えた。そうでなければ普遍性も必然性も保証されないというわけである。カントによれば、その枠組みはいわば二段構成になっている。第一段が、時間と空間という枠組みであり、どんな対象も、時間および空間のどこかに位置づけられたものとしてしか経験されえない。時間と空間は私たちに備わっている「直観の形式」であり、世界の側に実在するようなものではない。何であれ、何かを見てとる（直観）ためには、その何かが時間と空間という型枠（形式）のなかで与えられなくてはならない。しかし、たんに時間と空間において与えられているというだけでは経験の内容はいまだばらばらなものでしかない。それだけではまだ、刻一刻と変化してゆく感覚的印象の流れしかないだろう。たとえば家のまわりをぐるりと一周するとして、その一周のあいだに家の見え姿は刻々と変化してゆくだろう。そこにはまだ一個の家はない。多様な見えは多様なまで統一されていない。とすれば、たんに時間と空間において与えられているだけでなく、そこで与えられたものが何らかの仕方で一個の対象に束ねあげられているのでなければならない。その束ねる働きを行うのが

「悟性概念」である。ここで言う「概念」とはしかし、普通使われるような経験的で個別的な対象の概念（たとえば「家」のような概念）ではない。経験的で個別的な概念に先立って、さまざまな経験内容を関係づけ、まとめあげるためのもっとも基本的な枠組みが純粋な悟性概念と呼ばれるものである。カントは、私たちが何であれ何かについて「判断」を行うさいのもっとも一般的な形式を手引きとして、そこから悟性概念を導き出してくる。上段が判断の形式であり、下段がそれに対応し、判断のさいに働いている悟性概念である。

1　分量
全称的（すべてのSはPである）
特称的（或るSはPである）
単称的（このSはPである）

2　性質
肯定的（SはPである）
否定的（SはPでない）
無限的（Sは非Pである）

3　関係
定言的（SはPである）
仮言的（もしXならば、SはPである）
選言的（SはPかQかのいずれかである）

4　様相
蓋然的（SはPであろう）
実然的（SはPである）
確然的（Sは必ずPでなければならない）

1　分量
総体性
数多性
単一性

2　性質
実在性
否定性
制限性

3　関係
実体性（実体と属性）
因果性（原因と結果）
相互性

4　様相
可能性
現実性
必然性

「自然諸概念」とはこうした悟性概念のことを指すが、「自然諸概念」という表現自体は、カントの『判断力批判』(一七九〇年)序文に見られる。カントはそこで「自由概念」との対比で「自然諸概念」という言葉を用いている。

補注4　サイバネティクス

「サイバネティクス cybernetics」という言葉は、ギリシア語で「舵手」を意味する「キュベルネテース」からつくられた。舵手は地形や潮流や風を考慮に入れながら、自分の船を目的地に導いていく。外的世界からくる情報を手がかりに、目的実現に向けて船を制御しなくてはならない。このように人間は、自ら定めた目的地に向けて、外部から情報をえ、また外部に情報を送り、環境を変化させると同時にそれに応じて自己を調整しつつ世界のなかで生きていく。少し長いが、ウィーナーの言葉を引用しておこう。

人間は、自己の感覚器官を通じて知覚する環境のなかにひたされている。人間が受けとる情報は、脳と神経系を通じてコオーディネート(整合)され、貯蔵や照合や選択からなる適当な過程をへてのち、行動器官——ふつうは筋肉——を通じて外へでてゆく。これらの行動器官は外界に作用を及ぼし、さらにまた自己運動感覚をもつ末端器官のような感受器を通じて中枢神経系へ反作用を及ぼす。そして、これらの自己運動感覚器（および他の感覚器官）が受けとった情報が、当人のすでに蓄積された貯蔵情報と組み合わされて、将来の行動を左右する。

情報とは、われわれが外界に対して自己を調整し、かつその調整行動によって外界に影響を及ぼしてゆくさいに、外界との間で交換されるものの内容を指す言葉である。情報を受けとり利用してゆくことによってこそ、われわれは環境の予知しえぬ転変に対して自己を調整してゆき、そういう環境のなかで効果的に生きてゆくのである。〔…〕効果的に生きてゆくということは、適切な情報をもって生きてゆくことである。こうして、通信と制御とは、人間の社会生活の要素であるばかりでなく、人間の内的生活の本質的な要素をもなすものである。

（『人間機械論』鎮目恭夫・池原止戈夫訳、みすず書房、一九七九年、一一頁）

ちなみに、サイバースペースやサイボーグという言葉も、このサイバネティクスからきている。サイボーグとは、cybernetic organism、略して cyborg である。

補注5　「もっと遠くへ」

一八八九年六月一六日、テオはゴッホに宛てて次のように書いている。

きみの最近の絵には従来になかった色彩の烈しさがある——これだけでも非凡な特徴だが——さらにきみはそれを乗り越え遠くへ進んでいる。もし形体の歪曲によって象徴的なものを見ようとする人々があれば、ぼくはきみの絵の多くにその特徴を見出す。いいかえれば自然や生物に関するきみの思想の縮図の表現にそれがみとめられる。そしてそういうものが自然や生物にはっきり内在しているときみは感じているのだ。しかしそのためにはどれほどきみは頭脳を労したことだろう。どれほど一切の危険を犯してぎりぎりまでやったことだろう。そこまでゆけば眩暈が起ることだってやむをえない。

（『ファン・ゴッホ書簡全集6』二見史郎訳、みすず書房、一九七〇年、二〇三二頁）

ゴーガンとの諍いの果てに自分の耳を切り落とし（一八八八年一二月二三日）、数度の入院、監禁の後、サン・レミの病院に移ってまもなくの頃（一八八九年五月）の作品についての言葉である。「星月夜」や一連の「糸杉」が描かれた頃。テオのこの手紙に対して、ゴッホは「オリーブ畑の風景」と「星月夜の新しい習作」を描いたことを伝えて、こう言う。

きみがしばらくの間この二つの習作や木蔦の習作をながめてくれたなら、ゴーガンやベルナールやぼくがときどき論じあっていたことやぼくらの関心を占めていたことが、言葉で説明するよりも一層よくわかるだろう。それは、浪漫的なもの或いは宗教的な観念に帰ることでは断じてない。とはいえ、ドラクロワの仕事を表面ではなくさらに深く通過することによって、色彩と見かけの正確さよりももっと意志的なデッサンを用いることによって、パリの郊外やキャバレーよりももっと純粋な自然が表現されるだろう。

(『ファン・ゴッホ書簡全集5』みすず書房、一六三九頁)

補注6　実体変化

聖書によれば、イエスは最後の晩餐のときにパンをちぎり「これは私の身体です」と語って弟子たちに配り、また杯をとって「みなこの杯から飲みなさい。これは、私の契約の血です」と語った(マタイ、26:27-28)。この記述がもととなり、後にパンと葡萄酒を共にし、それによってキリストの死と復活を記念する儀式(「エウカリスティア」、「ミサ」、「聖餐」等と呼ばれる)が生まれた。しかし、パンと葡萄酒がどうして同時にイエスの肉と血でありうるのだろうか。形も色も匂いも味も手触りもすべてパンであり葡萄酒のままなのに。このことを説明するために、やがてアリストテレスに由来する「実体」や「属性」といった諸概念が使われるようになった。実体変化とは、形、色、匂い、味、手触りといった感覚的性質はそのままであるが、その当の事物の「何であるか＝本質＝実体」は変わってしまうという説である。

画家が行うこともこれと同様である、とメルロ＝ポンティは言う。「画家は世界を絵に変える。」イエスがパンと葡萄酒を肉と血に変えたように、画家は一枚の布切れを光景に変える。もちろん、ミサにおける実体変化と異なり、絵画では感覚的性質が変化している。とはいえ、ある意味では、そこに生じたのはさまざまな色の染みにすぎず、布が布であることに変わりはない。なぜたんなる色の染みが布を絵画に変えることができるのか。なぜ布のうえに世界を出現させることができるのか。「これは私の身体です」というイエスの言葉にも似た、何か得体の知れない力を色はもっているのだろうか。この力の秘密を解く鍵は「身体」にある、とメルロ＝ポンティは見る。身体にとって、色は事物の単なる「外皮」（第35段落）ではなく、事物の本質（＝実体＝何であるか）そのものへと通じている。言わば絵画による実体変化というこの秘儀の解明を通して、「感覚しうるものの存在論的復権」（補注7）を図ることが『眼と精神』の主題となる。

補注7「私が〜できる」

メルロ＝ポンティは『知覚の現象学』で、「意識とは根源的には、『……と我思惟す』ではなく『我……し能う』である」（『知覚の現象学』中島盛夫訳、法政大学出版局、一九八二年、二三五頁）として、続けてこう語っている。

視覚と運動とはそれぞれ、われわれが対象に関係する特殊な仕方であり、これらの経験のすべてをとおして、ある一つの機能が自己を表現しているのだとすれば、その機能とは実存の運動である。この運動はあらゆる内容を「われ思う」の支配下に置くことによってではなく、一つの「世界」という相互感官的な統一に向って方向づけることによって結びつけるのだから、これらの内容の根本的な多様性を抹殺するようなことはない。運動は運動についての思惟ではなく、身体的空間は思惟された、もしくは表象された空間ではない。〔…〕ある対象に向って手をふりあげるという身振りのなかには、この対象への照合が含まれている。しかしこれは表象された対象への照合ではない、われわれが自己をそれに向って投げかけ、前もってその傍らにあり、われわれがいわばつきまとっているところの、このきわめて特定な物への照合なのである。意識とは身体を介して物においてあること〔物に住みついている存在〕である。一つの運動が習得されるのは、身体がこれを理解したとき、つまり身体がこれをおのれの「世界」に統合したときである。そして自己の身体を動かすことは、身体をとおして物をめざすこと、表象をまったく媒介としないで身体に働きかける物の促しに、身体をして勝手に答えさせることである。それゆえ運動機能は、われわれがあらかじめ表象した空間の一点に身を運ぶ意識の召使のようなものではない。われわれが身体をある対象の方へ動かすことができるためには、まず対象が身体に対して存在するのでなければならない。したがって、われわれの身体は「即自」の領域に属していないのでなければならない。

（同上、二三六～二三七頁）

ここからさらに歩を進めて、「哲学者とその影」（一九五九年）では、「感覚しうるものの存在論的復権」が次のように語られている。少し長いが、『眼と精神』と直接つながっている一節でもあるので、引用しておく。第9段落で登場する「肉」の直接的源泉をよく示す箇所でもある。

〔フッサールの〕『イデーン』第二巻は、「客体的な物質としての物」の名のもとに、そこではもはや構成的意識の脈動が感じられないような錯綜した関係の網目を明るみに出している。つまり、私の身体の運動と、それが開示する物の「諸性質」とのあいだにある関係は、「私はなしうる」(je peux)ということと、それが惹き起しうるさまざまな奇跡との関係だ、というのである。けれども、もちろん私の身体は、それ自身、目に見える世界にかみ合わされていなければならない。私の身体はその力〔なしうる〕を、その身体自身がそこから物を見るところの場所を占めているというまさしくそのことから手に入れているわけである。だから、それは物ではあるが、私が住みついている物なのである。もしお望みなら、それは主観のがわに属すると言ってもよいが、しかし、それは物の局在性とも無縁ではない。私の身体と他のさまざまな物との関係は、絶対的な〈ここ〉と〈そこ〉との関係であり、距離の原点と距離との関係なのだ。それは、私の知覚能力がそこにみずからを局在化したその場なのである。では、この私の知覚能力と私の身体とが客観的な共変関係で結ばれているのではないとしたら、そこにはいったいどういう関係があるのか。〔…〕そこにあるのは、私の身体の身体自身に対するある関係であって、これが私の身体を私と物との絆(vinculum)

たらしめているのである。たとえば私の右手が私の左手に触れるとき、私は左手を「物理的な物」として感ずるが、しかし同時に、私がその気になれば、まさしく、私の左手もまた私の右手を感じはじめる、es wird Leib, es empfindet〔それが身体になり、それが感じる〕という異様な出来事が起るのだ。物理的なものが生気を帯びる——もっと正確に言えば、それは依然としてそれがあったとおりのものであって、その出来事によってそれが豊かにされるわけではないのだが、ある探査能力がそこに着地し、住みつきにくるのである。したがって、私は触わりつつある私に触わり、私の身体が「一種の反省」を遂行する。私の身体のうちに、また私の身体を介して存在するのは、単に触わるものの、それが触わっているものへの一方的な関係だけではない。そこでは関係が逆転し、触わられている手が触わる手になるわけであり、私は次のように言わなければならなくなる。ここでは触覚が身体のうちに満ち拡がっており、身体は「感ずる物」、「主体的客体」(sujet-objet) なのだ、と。

このような記述が物や世界についてのわれわれの観念をも転倒させ、ついには〈感覚しうるもの〉sensibleの存在論的復権を成就するものである、という点は十分に考えてみる必要がある。というのも、これより以後われわれは、空間そのものが私の身体を通って自己を感ずるのだ、と文字通り言って差支えないからである。もし主体と客体の区別〔…〕が、私の身体において混乱してしまうとすれば、それは物にあっても同様であろう。物というのは、私の身体のさまざまな活動の向かう極、その探索の行きつく終点なのであり、したがって私の身体と同じ志向性の織地のうちに織り込まれているものだからである。知覚された物は「それ自体として」(en personne) 捉えられているとか、「生ま身のまま〔肉において〕」(leibhaft) 捉えられていると言われるが、これは文字通りに受け取らるべきである。

(『シーニュ2』竹内芳郎監訳、みすず書房、一九七〇年、一四～一五頁)

補注8　即自

「即自」という言葉はヘーゲルに由来するが、ここではサルトルの用法を念頭において使われている。サルトルは事物を「即自」、意識を「対自」とした徹底的な二元論的立場をとる。事物はそれがどのようなものであれ、ただひたすらそれが「ある」とおりにあるだけで、そこに「ない」ということはない。「ない」ということは事物自体のあり方に即したものではなく、私たちがそこに持ち込んだものにすぎない。「ここには木がない」にせよ「この木は太くない」にせよ、その「ない」は、そこに木の存在や一定の太さを期待する者にとってはじめて「ない」のであって、木がない場所にもかならず何か(たとえ空気だけでも)があるし、期待とは異なるとしても、木には一定の太さがある。サルトルの有名な言い回しによれば、即自とは、「それがあるところのものであり、それがないところのものではない」ということになる。つまり、そこでは完全な自同律(A=A)が成り立つ。これに対して、意識=対自とは、「それがあらぬところのものであり、それがあるところものではない」。意識とはつねに何ものかについての意識であるが、そのことは同時に、意識とはつねにその何ものかでは「ない」ということを意味する。私が木を意識するとき、私自身が木であることになってしまえば、そこに木についての意識はないだろう。木についての意識は、それ自身は木でないからこそ意識たりうる。こうした意味で、意識とは徹底的な否定性、徹底的な無である。これに対して、事物=即自の方は、いかなる否定性ももたない、肯定性そのものであることになる。

メルロ=ポンティが問い直そうとしているのは、こうした即自と対自、肯定性と否定性、完全な充実と完全な空虚、存在と無という二分法そのものの妥当性である。

補注9 「自然は内部にある」とセザンヌが言うように

正確な典拠は不明だが、この段落で語られていることは、ガスケとの対話の次の一節と符合するものであるように思われる。とすれば、「自然は内部にある」という表現は、セザンヌが自分のおでこをたたいて「ここにある自然」と言ったものに対応するだろう。力点は「内に」ということよりも、内と外の両方に、という点にある。

ガスケは、セザンヌの言葉をこう伝えている。

芸術は自然に平行しているひとつの調和です。画家はいつも自然に対して劣っている、なんていうことを口走る馬鹿どもはなんと評すべきかな。平行しているのです。もちろん、意志的に介入しなければのことですが、その辺はわかって下さい。芸術家の全意志は、沈黙であらねばならない。自分の内の、偏見の声々を黙らせなければならないし、忘れて、忘れて、沈黙にひたって、完全なるひとつのこだまになる。そうすると、彼の感光板に、景色全体が記されてゆきます。画布にそれを定着させ、外に顕在させるにあたって、メチエがのちにものを言う段になりますが、それも、命令に従い、無意識に翻訳するという敬虔なメチエです。それほどに、彼は自分の言語をよく知り、自分の解読するテキストをよく知っているのです。二つの平行するテキスト、見られた自然、感じられた自然、そこにある自然（彼は、緑と青の平野を指した）、…こちらにある自然（彼はおでこをたたいた）を彼はよく知っていて、その二つは、両方ともが持続し、芸の命という、半ば人間半ば神の命をもって生きるためには〔…〕、融合しなければならないのです。風景は、私のなかで反射し、人間的になり、自らを思考する。私は風景を客体化し、投影し、画布に定着させる……。せんだって、あなたはカントの話をして下さいました。私はとちるかもしれませんけれど、思うに、この風景の主観的認識が私だとすれば、私の絵は客観的認識のほうでしょう。私の絵、風景のどちらも両方とも私の外にあって、しかし一方は、混沌としていて、つかみどころもなく、こんがらがっていて、論理的な活動なしに、いかなる理にもはずれている。他方は、定着した、感覚界の、範疇化されたもので、〔…〕表象の個性に一役かっています。

（『セザンヌ』與謝野文子訳、岩波文庫、二一五～二一七頁）

また、第12段落の「外部の内部であり内部の外部」という表現も、この箇所を参照のこと。

補注10　実効的類似性

第18段落にも、実効的類似（ressemblance efficaces）という表現が見られるが、「実効的」（efficace）は「機会的」（occasionnel）と対をなす。この対は、原因を論ずる議論のなかで、「実効的原因」と「機会的原因」との対比として用いられることが多い。実効的原因とは自らその結果を生み出すものであり、また、それを生み出すことによって自身が損なわれることも変質することもない。それに対して機会的原因は、ただそれをきっかけとして結果が生み出されるものであり、直接その原因が結果を生み出すわけではない。実効的原因と機会的原因ついては、マルブランシュ『形而上学と宗教についての対話』（井上龍介訳、晃洋書房、二〇〇五年）第七対話第一二節を参照。

ここでの「実効的類似性」という言い方は、第三節で議論されるデカルトの視覚論を念頭に置いて、それとの対比において用いられたものである（とりわけ第22段落を参照）。デカルトの場合、類似は、対象が見る者のうちに生み出すものではない。たしかに、対象は見る者のうちに何らか変化を生じさせる。しかし、そこで生じたものは原因である対象にかならずしも似ている必要はない。ただそこで生じた変化を手がかりに（機会＝きっかけとして）、精神（思考）がそれを「類似している」と解釈するにすぎない。デカルトの場合、類似関係は、恣意的な記号関係に置き換えられる。「熱い」という言葉がいささかも熱くないのと同様に、つまり、実際の火の「熱さ」と「熱い」という言葉＝記号がまったく似ていないのと同様に、視覚の対象と、その対象が私の身体および精神に与える結果もまったく似ていなくてよい。これに対して、類似が実効的であるということは、まさに生み出されたものが生み出したものと似ており、かつ、そのことによって生み出したものが損なわれたり変質したりすることのないものでなければならない、ということである。

補注11　世界を護持するこの魔除け札

この表現は、クローデル（Paul Claudel, 1868-1955 フランスの詩人、作家）の次の一節を念頭に置いたものであろう。クローデルはオランダ絵画に見られる室内風景についてこう語っている。

この水のように澄んだガラス窓の透明さ、中央におけるこの密度の変化、壁面のあいだのこの複雑な相互作用、壁面が互いに送りあうこれらの反映の反映、壁の上に斜に描き出され、反対側からじっと注ぐ鏡の目差しが食いつくすこの碁盤縞、部屋の中心部において、光を受けた部分と受けていない部分との、燃え始めたばかりのものと消えようとしているものとのこの対照、重たい櫃や、澱んだ表面や、熱っぽい銅からなり、部屋全体にその落ち着きを与えているあの家具・調度、これらすべてが、一種の魔除け札、内密の呪文、ひそやかな魔法を構成しており、そこに住む人物たちがこの家庭的な楽園からのがれることができないことは容易に理解される。

（『闇を熔かして訪れる影』渡辺守章訳、朝日出版社、一九八〇年、四〇頁）

補注12　見者の手紙

もう少し長く引用しておく。

見者の手紙とは、一八七一年五月、当時一六歳のラ

エマニュエル・デ・ヴィテ
『クラブサンを弾く女のいる室内』1667年頃

ンボーが知人に送った二通の手紙を指す。見者（voyant）とは、一般に「透視者、千里眼、占い師、予言者」を意味するが、ランボーはそこで次のように語っている（引用は、『ランボー全詩集』宇佐美斉訳、ちくま文庫、一九九六年による）。

いまは放蕩無頼の限りを尽くしているのです。なぜって、ぼくは詩人になりたいと思って、自分を見者にしようと努力しているからなんです。あなたには何のことだかさっぱりお判りにならないでしょうね。ぼくにもどう説明してよいのか、よく判らないのです。問題は、あらゆる感覚を狂乱せしめることによって、未知のものに到達することなんです。並みたいていの苦労ではありませんが、しかしそのためには強く、そして生れつきの詩人でなければなりません。しかも、ぼくは自分が詩人であると認知したのです。これはぼくの過失でも何でもありません。私は考える、と言うのは誤りです。ひとが私を考える、と言うべきでしょう。洒落を言っている訳ではありませんが。

私とは一個の他者なのです。木切れがヴァイオリンになっているのに気がついたからって、どうにかなるものではありません。無意識家など糞くらえです。彼らは、自分自身なんにも判っていないことについて、ご託をならべているだけなんです！

（五月一三日イザンバール宛）

というのも、私というのは一個の他者なのです。銅が眼を覚ましてラッパになっているのに気がついたとしても、それはすこしも銅の落ち度なんかではありません。

（五月一五日ポール・デメニー宛）

見者であらねばならぬ、自分を見者たらしめねばならぬ、とぼくは言うのです。

詩人は、あらゆる感覚の、長い間の、大がかりな、そして合理的な狂乱化を通して、見者になるのです。ありとあらゆる形態の愛と、苦悩と、そして狂気。彼は自ら自己のうちなるすべての毒を探求しくみ尽くして、その精髄のみを保存しようとするのです。筆舌に尽くし得ぬ責め苦、そこにおいて彼は、あらゆる信念、あらゆる超人的な力を必要とするのであり、さらにまた、きわめつけの偉大な病者、偉大な罪人、偉大な呪われ人になるのであり、――そして至上の学者となるのです！　――なぜなら彼は、未知のものに到達するからなのです！　彼は、すでに豊かだった自分の魂を、他のいかなる魂の努力にも増してさらにいっそう養い育てたのですから！　彼が未知のものに到達して、気も狂わんばかりになり、ついには自分の見た視像《ヴィジョン》の見分けさえつかなくなってしまったとしても、まさに彼は、それらの視像《ヴィジョン》を見たことになるのです！　前代未聞の、名づけようのない事象を跳躍してゆくその過程で、くたばったところが何でしょう。他の途方もない働き手たちがやって来るでしょう。他の者が倒れた地平線から、彼らは仕事を始めるでしょう！

（五月一五日ポール・デメニー宛）

補注13 「人工器官」

『屈折光学』冒頭の一節を引用しておく。

われわれの生活上のあらゆる行動は〔五つの〕感覚によっている。そのなかでも視覚はもっとも普遍的でもっとも高貴であるから、視覚の力を増大させるのに役立つ発明が、ありうるなかでももっとも有益なものであることに疑いはない。そしてそのなかでもかの驚くべき眼鏡以上に、視覚力を増大させる発明を見つけるのは困難である。その眼鏡が使われるようになったのはごく最近のことで、しかもすでに以前にわれわれが見ていたのよりははるかに数多く、天上には新しい星を、地上では他の新しい対象を、われわれに発見させたのである。このため、われわれの視界はわれわれの父祖の想像が進むのを常としていたよりもはるかに遠くまで拡がり、彼らが自然についてもっていたものよりはるかに広く、はるかに完全な知識に達する道を、この眼鏡が開いてくれたように思われるのである。

（『デカルト著作集』第一巻、白水社、二〇〇一年、一一三頁）

望遠鏡の発明については諸説あって定かではないが――デカルトはジャック・メシウスなる人物にこれを帰している――、当時まだ発明されて間もない頃であったこと、そして何より、その発明がそれまで二〇〇〇年にわたって信じられてきた世界像に終止符を打つ決定打となったことを思い起こしておくべきだろう。一六〇九年、オランダで望遠鏡が発明されたことを耳にしたガリレイは、これに改良を加え空に向ける。そこで発見された数々の驚異は翌一六一〇年に『星界の報告』として出版され、人々に衝撃を与えた。アリストテレス以来の世界像においては、地球は宇宙の中心にあり、月から上の世界（天上界）と月から下の世界（月下界）つまり地上とはまったく別の物質、別の仕組みから成り立っているものであった。ところが、ガリレイは月に地上と同じような山脈があるのを発見した。天上界と月下界は同じ世界に属している。望遠鏡はさらに木星に四つの衛星があることを教えてくれた。望遠鏡による天体の観測は天動説よりもコペルニクスの地動説の方が正しいことをますます強く確信させるものであった。ちょうどこのときデカルトは一六歳。フランスのラ・フレーシ学院というところにいた。ガリレイの発見は当然この地にも伝わっている。

補注14　志向的形象

『屈折光学』の次の一節を参照。

色があるといわれる物体にあっては、これらの色というのは、その物体が光を受けとり眼の方に送り返すやり方の相違にほかならないとおそらく考えられよう。盲人が木、石、水などといったものを杖を仲立ちとして区別する場合の相違と、われわれが赤、黄、緑、その他すべての色を区別する場合の相違とを比べてみれば、それらはよく似ていると思われるであろう。いずれにせよ、これらの相違はこれらのどの物体にあっても、杖の動きに対する運動または抵抗の仕方の相違にほかならぬと思われるであろう。だからまた色や光が見えるためには、なにか物質的なものがその対象から眼まで伝わってくるのだと前提する必要はないし、その対象のなかに、これについてわれわれが抱く観念や感覚と似たものが存在する必要すらないと考えてもよいだろう。また同様に、盲人が感じるもの、杖に沿ってその手にまで達するものは、なに一つその物体からは出ておらず、盲人が物体についてもつ感覚の唯一の原因であるその物体の抵抗または運動は、彼がそれについてもつ観念とはまったく似てはいないのである。これによって〔スコラの〕哲学者たちの想像力をあんなにも悩ましている《志向的形象》という名の、空中を飛びまわる小さな像から、あなたがたの精神はいっさい解放されるであろう。

（『デカルト著作集』第一巻、白水社、二〇〇一年、一一五〜一一六頁）

ここで嘲笑されている「志向的形象という名の、空中を飛びまわる小さな像」は、デカルトが学生の頃に学んでいた哲学のテキスト類にも見られるもので、直接にはそこから採られたものと考えられるが、もとを辿れば古代ギリシアで原子論を唱えたデモクリトス（紀元前五世紀から四世紀頃）の伝統につらなる。そのデモクリトスにはじまり、エピクロス（紀元前四世紀から三世紀頃のギリシアの人）、ルクレティウス（紀元前一世紀頃のローマの哲学者・詩人）へと受け継がれる知覚論においては、物体の表面から絶えず微細な剥離物が流出しており、それが感官を打つことによって知覚が生じると考えられていた。エピクロスはこの流出物をギリシア語で「エイドーロン」や「テュポス」と呼んでいるが、ルクレティウスはそれを、いずれも「類似」や「印刻」を意味する「イマギネース」、「シミュラークラ」、「エフィギアエ」といったラテン語に訳し移した。『物の本質について』には次のような一節が見られる。

諸物体のこの映像（effigiae）、即ち希薄な姿（figurae）は、その物体の表面（summus）から放出されるのである。これは、いわば物の薄膜（membranae）ないし皮（cortex）とでも称すべきものである。即ち、この映像（imago）は、放たれて出て来るその元のとそっくり似た外見（species）と形体（forma）とを有しているからである。（『物の本質について』樋口勝彦訳、岩波書店、一九六一年、一六〇頁）

補注15　第二性質

第二性質という考え方はすでにガリレイやデカルトにも見られるが、その用語法を定着させた点で代表的なのはジョン・ロックの『人間知性論』（第二巻第八章）である。第一性質は物体それ自身のうちにあると考えられる性質で「固性・延長・形・可動性」等である。それらは次のようなものであるとロックは言う。

第一、物体がどんな状態であれ、物体からまったく分離できないようなもの、物体がどんな変更・変化を受けようと、どんな力が物体に加えられようと、それらを通じて物体が不断に保有するようなもの、知覚するにじゅうぶんなかさの物質分子のすべてに感官が不断に見いだし、また、たとえ単独では感官が知覚するのに小さすぎる物質であっても、すべての物質分子から分離できないと心が見いだすようなもの、そうしたものである。たとえば、一粒の小麦をとって、二つの部分に分割しよう。それぞれの部分はやはり固性・延長・形・可動性をもっている。また、分割しよう。やはり同じ性質を保有する。こうして部分が感知できなくなるまで、分割していこう。部分はそれぞれそうした性質をやはりすべて保有するに違いない。

以上が第一性質で、これに対して第二性質は次のようなものであると言う。

第二に、本当は事物自身にあってはその事物の一次性質によって、すなわち事物の感知できない部分のかさ・形・組織・運動によって、多種多様な感覚を産む力能であるにすぎないような性質であり、たとえば色、音、味などである。

（『人間知性論』（二）大槻春彦訳、岩波文庫、一九七二年、一八六〜一八八頁）

補注16　パスカルが語った……という言葉

ここだけだと、まるでパスカルがデカルト主義者であるように思われるかもしれないが、それは誤解である。パスカルの有名な言葉、「無益で不確実なデカルト」（『パンセ』ブランシュビック版七八、ラフュマ版八四）や「私はデカルトを許せない。彼はその全哲学のなかで、できることなら神なしですませたいものだと、きっと思っただろう。しかし、彼は、世界を動きださせるために、神に一つ爪弾きをさせないわけにいかなかった。それからさきは、もう神に用がないのだ。」（ブランシュビック版七七、ラフュマ版八八七）という一文が示すように、パスカルはデカルト主義者どころか、その強烈な批判者であった。そのパスカルでさえ、こと絵画に関しては、デカルトと同じ見方をしているという主旨の一文である。パスカル同様に敬虔なキリスト教徒でありながら同時に熱烈なデカルト主義者であったマルブランシュとは事情が異なる。

補注17　高空間、近空間、斜空間

パノフスキーは近空間の例としてデューラー『書斎の聖ヒエロニムス』を、また、斜空間の例としてはアルトドルファー『マリアの誕生』を挙げている。

補注18　シンボル形式

カッシーラーの『シンボル形式の哲学』から、もう少しまとまった形で引用しておく。

精神の真の根本機能はすべて、単に模写するだけではなく、根源的に像を形成する力を内蔵するという

アルブレヒト・デューラー
『書斎の聖ヒエロニムス』1514年

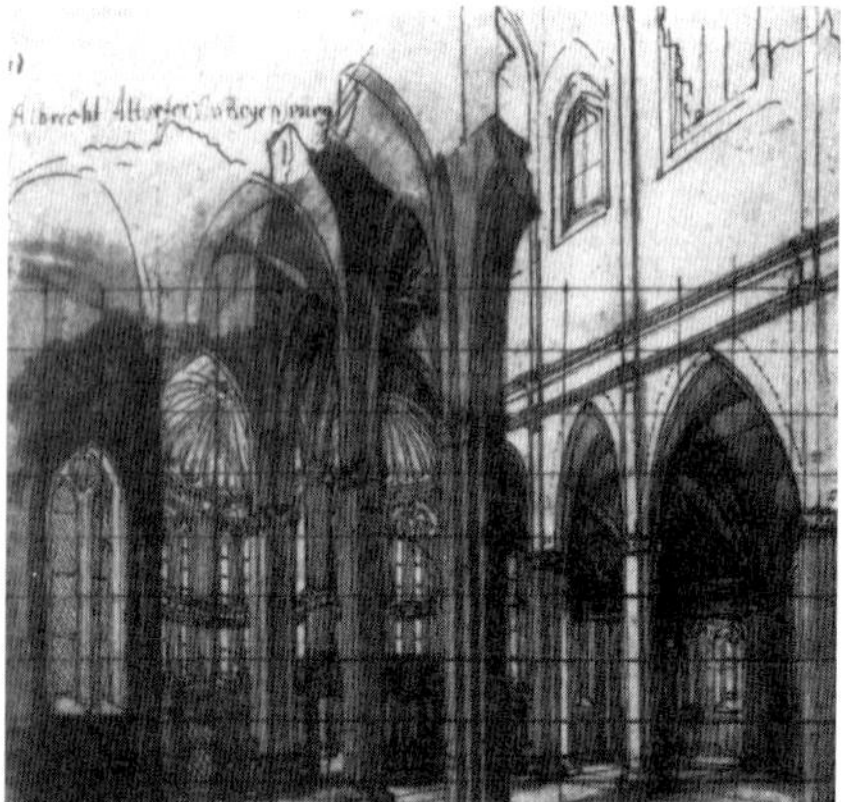

アルブレヒト・アルトドルファー
『マリアの誕生』のための下図　1520年直後

決定的な特徴を、認識と共有している。精神の根本機能は、ただ受動的にそこにあるものを表現するというのではなく、内に精神の自立的エネルギーを蓄えており、このエネルギーによってただ存在するだけの現象がある特定の「意味」、ある独自な理念的内容を受けとることになるのだ。このことは、認識にとってと同じく芸術にも当てはまり、宗教にも神話にも当てはまる。これらはすべて、それぞれ独自の像＝世界のうちに生きているのであるが、この像＝世界は経験的所与の単なる反映ではなく、むしろ認識・芸術・宗教・神話がそれぞれにある自立的原理に従って産出するものなのである。このようにしてそのそれぞれが独自のシンボル的形象を創造するのであり、それらの形象は知性的シンボルと同種ではないにしても、その精神的起源に関しては出自を同じくしているのである。これらの諸形象のどれにしても、他の形象に完全に解消されたり、他の形式から導き出されたりすることはなく、そのそれぞれが精神のある特定の捉え方を示しているのであるし、同時にその捉え方において、またその捉え方を通じて「現実的なもの」の特定の側面を構成しているのである。それゆえ、これらの形象は、即自的に現実存在しているものが精神に開示されるさまざまな仕方なのではなく、精神がその客観化の働きにおいて、言いかえれば精神の自己開示においてたどるさまざまな道なのである。

（『シンボル形式の哲学（一）』生松敬三、木田元訳、岩波書店、一九八九年、二八～二九頁）

補注19　エリザベート王女が望んだように

デカルトは心身二元論とは別に、心身合一の次元があることをはっきりと認めていたが、それがどのようにして可能であるのかについては明瞭に述べることがなかった。いったいいかにして、広がりをもたない精神が物体を動かしたり、また物体によって影響を受けたりすることができるのか。そう食い下がるエリザベート（一六四三年五月一六日付および六月二〇付書簡）に対して、デカルトは次のように答える（一六四三年六月二八日付エリザベート宛書簡）。すでに一度返信したが、エリザベート再度の問いに答えたものである。少し長いが、デカルトの「バランス感覚」（第29段落）の真骨頂とも言うべきところである。

私の前便は出された問題を十分説明していない、と殿下はお感じになったあとで、同じ主題をなおも忍耐強くお尋ねになり、私が見落としていたことを気づかせる機会を与えて下さっていることには、たいへん感謝しております。そのうちの主要な論題は次のことだと思われます。すなわち、私は三種類の観念あるいは原初的概念（それは相互の比較によって知られるのではなく、それぞれある特定の仕方で知られるもの、すなわち精神の概念、身体の概念、および精神と身体との合一の概念）を区別しましたが、そのあとでこれら三種類の概念の違いと、それらの概念をもつときの精神のはたらきの違いを説明すべきであったし、それぞれをわれわれに親しみやすく、容易にする方法に言及すべきであったこと。次いで、私は重さのたとえを用いた理由を述べたのですから、人が精神を物質的なものと理解したいと思っても（それは正に精神と身体との合一を理解することです）、あとになってやはり精神は身体から分離し得ると認めざるを得ないことを示すべきであったこと。以上のことが、殿下がここで私に命じられた論題のすべてだと思います。

そこで第一に、これら三種類の概念の間には次の点で大きな違いがあると認めます。つまり、精神は純粋知性によってしか理解されませんん。身体すなわち延長、形、運動は純粋知性のみによっても理解されますが、想像力に助けられた知性によってはるかによく理解されます。最後に精神と身体との合一に属することがらは、知性だけによっても、想像力に助けられた知性によっても漠然としか理解されませんが、感覚によってきわめて明晰に理解されます。それゆえ、まったく哲学したことがなく感覚しか使わない人は、精神が身体を動かし身体が精神に作用することを少しも疑わないのです。彼らは両者を一つのものと見なします。つまりそれらの合一を理解しています。というのは、二つのものの間の合一を理解するとは、それらを一つのものと理解することだからです。純粋知性をはたらかせる形而上学的思惟は、精神の概念をわれわれに親しみやすいものにするのに役立ちます。図形や運動を考察して主に想像力をはたらかせる数学の研究は、われわれがきわめて判明な物体の概念を形成するのに馴染ませます。最後に、精神と身体との合一を理解するようになるのは、生と日常の交わりだけを用い、省察したり想像力をはたらかせるものを研究したりすることをさし控えることにおいてです。

私がここで真面目に話しているのではないと殿下は思っておられるのではないか、と私はほとんど恐れています。しかしそれでは、私が殿下に抱くべき、そして決して欠くことのない敬意に反することになりましょう。実は、私が研究において常に守ってきた主な規則、何らかの知識を得るために私が最も役立ったと思っている規則は、次のようなものだと言うことができます。すなわち、想像力を占める思考については一日のうちのごくわずかの時間しか用いず、知性のみを占める思考については一年のうちのごくわずかの時間しか用いなかったこと、他の残りの時間をすべて、感覚の弛緩と精神の休息とに当てたことです。

〔…〕

しかし、殿下が心身の合一についてわれわれがもっている概念が曖昧だと考えられたのは、あまり注意を要しない思考よりも、むしろこうした省察〔純粋知性による省察〕のせいであると私は判断しております。というのも、精神と身体の区別とその合一とを、きわめて判明にかつ同時に理解することは、人間精神にはできないと思われるからです。けだしそのためには、心身をただ一つのものと理解すると同時に、二つのものと理解しなければなりませんが、それは矛盾するからです。

(『デカルト＝エリザベト往復書簡』山田弘明訳、講談社学術文庫、二〇〇一年、二八～三一頁)

補注20 奥行きの形而上学

認識の次元における心身二元論とは別に、行為の場面において心身合一の次元があることはすでに見た。この意味では、デカルトの二元論には、いわば水平軸における二元論（心身二元論）と、垂直軸における二元論（認識と行為の二元論）があると言えよう。そしてこの両者の二元論の根底には、「永遠真理創造説」と呼ばれる神の意志の絶対性に対する独特の考え方がある。「永遠真理」とは論理的・数学的真理を言う。神でさえも数学的真理は変えることはできないという考え方に対して、デカルトは、神がもしそう望むなら、数学的真理でさえ別様に創造することができたであろうと言う。神がそう望むなら、円の中心から円周に対して引かれた線分の長さを等しくないようにすることもできる。ライプニッツが第一の真理として語った矛盾律でさえ（一二一頁脚注(四)を参照）、デカルトによれば絶対ではない。真であるがゆえに神がそれを意志し実現したのではなく、神がそう望んだがゆえに真なのであって、神が何を望み給うかは、我々の理解を超えている。デカルトは言う。「一般的に言って、神は私たちが理解しうることはすべてなしうると確言することはできるが、私たちが理解できないことをなしえないと確言することはできない。」

ここで、心身の分離と合一とを同時に明晰に理解することは「人間精神にはできないと思われる」と言われていたことを思い出しておこう（一三二頁脚注(一)、一三三頁脚注(二)および補注19を参照）。なぜなら、それは「矛盾」したことであるのだから。とはいえ、矛盾でさえも神はなしうる。神の意志のその深み（「奥行き」

も「深淵」も、同じprofondeurという言葉で表される）には、理性の光は届かない。

補注21　神の属性から演繹

『哲学原理』第二部第三六節および第三七節を参照。第三六節では「神は運動の第一原因であり、宇宙のうちにつねに同一の運動量を保存するということ」が、そして第三七節では「いかなるものも、できるかぎり、つねに同じ状態を固執する、ということ。したがって、いったん動かされたものはいつまでも運動しつづける、ということ」が論じられるが、いずれもその根拠は「神の不変性」にあるとされる。

補注22　一生に一度

「一生に一度」であって、「何度でも」ではない。ましてや「つねに」ではない。補注19で見たエリザベート宛ての書簡でも、デカルト自身、形而上学的考察については「一年のうちのごくわずかの時間」しか使わなかったと語っていた。しかしまた、一度は行うべきなのだ、とデカルトは言う。先に引用したエリザベート宛て書簡のもっと後段では、次のように語られている。

最後に、一生に一度は形而上学の諸原理を十分に理解することは、それこそがわれわれに神と精神との認識を与えるものですから、きわめて必要なことであると私は思います。しかしまた私は、知性をその諸原理を省察することにたびたび用いるとするなら、知性は想像力や感覚の機能に十分携わることができないので、それはきわめて有害であるとも思います。

（『デカルト＝エリザベト往復書簡』山田弘明訳、講談社学術文庫、二〇〇一年、三二頁）

補注23　ヘルメス・トリスメギストスが……「不分明な叫び」である。

ヘルメス・トリスメギストスとは、ギリシア神話の伝令神ヘルメスとエジプトの学問の神トトがヘレニズム期に一つに結びついてできた神のことを言う。トリスメギストスは、「三倍偉大な者」の意。この神の教えを伝える匿名の文書が、紀元前三世紀から後三世紀にかけてエジプトの都市アレクサンドリア周辺で数多く生み出された。これらを総称して「ヘルメス文書」と言う。引用の言葉はその一つ「ポイマンドレース」第四節に見られる。

なお、この箇所でのヘルメスの引用は、アポリネールの『動物詩集』を念頭に置いたものと思われる。『動物詩集』にはデュフィによる木版画が添えられており、冒頭の詩は「オルフェの詠唱」と題され、次の通りである。（「エルメス・トリメジスト」は「ヘルメス・トリスメギストス」、「ピマンドル」は「ポイマンドレース」のこと。）

オルフェの詠唱

ほめよ、たたえよ
線の気高さ、力強さ
まさにこれだな
エルメス・トリメジストが
その著『ピマンドル』の中に説く
光の声は。

アポリネールはこれに自ら注をつけて、絵画を「光の言葉」と述べている。

『ピマンドル』巻中に人は読む、〈やがて闇中より意味の知れない叫びが聞えて来たが、どうやらそれは、光の声であるらしかった〉と。

この光の声こそは、デッサン、すなわち線の意味ではあるまいか? なるほど。光がその全き表情を具

現する場合、万物に色彩と形体が生れる。要するに絵画芸術は、光の言葉にほかなるまい。

（『動物詩集』堀口大學訳、求龍堂、一九七八年、四七〜四八頁）


なお、「ポイマンドレース」の該当箇所は、まさに存在生成の場面を語っている箇所で、参考に冒頭から第六節までを引用しておく。引用中の「フュシス」と「ロゴス」は、おおよそ「フュシス＝生成の母胎としての原的自然」、「ロゴス＝万物にかたちを与える形成原理」といった意味にとってよいだろう。

1　ある時私のなかで、（真に）存在するものについての省察が始まり、思考の力が甚だしく高まり、食事に満腹したり身体が疲れて眠りに引きずり込まれる人のように、身体の諸感覚が停止した時、そこに誰か途方もなく巨大な人が居合わせて、こう話しかけながら私の名を呼んでいるように思われた。
「お前は何を聞き、眺めたいのか。何を知解して学び、認識したいのか」。

2　私は言う、
「でも、あなたはどなたなのですか」。

彼が言う、

「私はポイマンドレース、絶対の叡知《ヌース》である。私はお前の思い計りを知り、何処にあってもお前と共に居るのだ」。
3　私は言う、
「私は存在するものを学び、その本性《フュシス》を知解し、神を認識したいのです」、
また言った、

「私はどんなに（それを）聞きたいことでしょう」。

彼が再び私に言う、

「お前が学びたいと思っていることをすべて自分の叡知《ヌース》に留めて置きなさい、私が教えてあげよう」。
4　こう言うと、彼は姿を変じた。と、たちまちにわかにすべてが私の前に開けていた。私は測り知れぬ眺めを見る。そこに生じているすべては光であり、（その光は）美しく、喜ばしく、見ているうちに私は愛を抱いた。それから暫くすると、闇が垂れ下がり、部分部分に別れ、恐ろしく、嫌悪を催すものとなり、曲がりくねって広がり、私には〈蛇〉のように見えた。それから闇は湿潤なフュシスのようなものに変化した。それは名状し難いほどに混沌とし、火のような煙を発し、言い表わすことのできない、哀訴の叫び声のようなものを発していた。それから、何を言っているのか分からないが、火の音のような叫びがフュシスから出ていた。
5　さて、光から〈…〉聖なるロゴスがフュシスに乗った。すると純粋な火が湿潤なフュシスから出て上

へと立ち昇った。その火は敏捷で軽快であり、同時に活発であった。また、空気は軽かったので霊気（すなわち火）に続いて行った。すなわち、空気が土と水を離れて火の所まで昇り、あたかも火からぶら下がっているかのようだったのである。ところで、土と水は互いに混り合い、〈土は〉水から見分けることができないほどであった。それ（混り合ったもの）は、覆っている霊的ロゴスに聞き従い、動いていた。

6　ポイマンドレースが私に言う、

「この眺めが一体何を意味しているか知解したか」。

そこで私は言った、

「認識したいと思います」。

彼が言った、

「あの光は、私であり、お前の神なるヌース（叡知）であり、闇から現れた湿潤なフュシスより以前にある者である。ヌースから出た、輝くロゴスは神の子である」。

私は言う、

「一体、どういう事ですか」。

「かく認識しなさい。お前の内で見聞きしているものは主からのロゴスである。他方、（お前の内に見ている）ヌースは父なる神である。と言うのは、これらのものは互いに分たれないからである。すなわち、命はこれらのものの結合である」。
私は言った、
「あなたに感謝します」。
「では、確かに光を知解し、これを認識するように」。

（『ヘルメス文書』荒井献、柴田有訳、朝日出版社、一九八〇年、四八～五四頁）

補注24　元素

『見えるものと見えないもの』では、肉はこうした意味での元素であるとして、次のように語られている。

肉は物質ではないし、精神でもなく、実体でもない。それを名づけるためには、水・空気・土・火について語るために使用されていた意味での、言いかえれば空間・時間的個体と観念との中間にある一般的な物、つまりは存在が一かけらでもある所にはどこにでも存在の或るスタイルを導入する一種の受肉した原理という意味での「エレメント」という古い用語が必要になろう。肉は、その意味では、〈存在〉の「エレメント」なのだ。肉は、事実ないし事実の総和ではないが、それでも場所と今とに結びついている。それればかりか、肉はどこといつとの開始、事実の可能性と要請であり、要するに事実性であって、そのことが事実をして事実たらしめているのである。

（『見えるものと見えないもの』滝浦静雄、木田元訳、みすず書房、一九八九年、一九四頁）

補注25　ダ・ヴィンチ『絵画論』

以下、ベルクソンの「ラヴェッソンの生涯と業績」からまとまった文章を引用しておく。

レオナルド・ダ・ヴィンチの『絵画論』の中には、ラヴェッソン氏が好んで引用する一ページがある。それは、生物というものは波の型のような、または蛇の型のような線によって特徴づけられること、各々の生物はそれぞれ固有の仕方で蛇行すること、そして芸術の目的はこの個々の蛇行を表現することである、などが語られているページである。「デッサンの芸術の秘訣は、一つの中心波がいくつもの表面波となって展開するように、その発生軸ともいうべきある一本のうねうねした線が、その全範囲を通して向かって行く特殊な仕方を、各々の対象の中から発見することである。」もっともこの線は図形の目に見えている線のうちのどれでもありえないのである。それはここにもなければかしこにもないが、しかし全体の鍵を与える。それは肉眼によって知覚されるよりもむしろ精神によって考えられるのである。「絵画とは心的なものである」とレオナルド・ダ・ヴィンチはいった。そして魂こそが自分の像に似せて身体を作ったのである、と彼は付け加えた。この巨匠の作品全体がこの言葉の注釈に役立つことができよう。モナ・リザの肖像か、もしくはさらにルクレチア・グリヴェリの肖像の前で足を止めよう。そのとき目に見えるすべての顔の線がカンバスの背後にある一つの潜在的な中心に向かって後退し、そしてその中心では、なぞを含んだ容貌を一句一句読み取って行くのでは何時まで経っても終わることがない秘密が、ただの一言にまとめられて、一挙に発見されるように、われわれには思えないだろうか。このような所にこそこの画家は身を据えていたのである。この点に集中された単純な心の視覚を展開することによって初めて、彼は、自然の生産的努力を自分流に再現しながら、目の前にいるモデルを一筆一筆と再発見したのである。

画家の技術とは、だからレオナルド・ダ・ヴィンチにとっては、モデルの特徴を一つずつ細かく取り上げて、これをカンバスの上に運び込み、そしてモデルの物質性を一部分ずつ再現するところにあるのではない。またそれは人が目で見、そして手で触れる生身のモデルが、漠然とした観念性の中に解消されてしまうような、何か得体の知れない非個性的抽象的な類型を描き出すところにあるのでもない。真の芸術とはモデルの個性を表現することを目ざし、そしてそのために目で見られる線の背後に肉眼では見えない運動を、運動自体の背後にさらにもっと秘められた何物かを、つまり根源的志向を、自我の根本的憧憬を、形と色の無際限な豊かさにも匹敵する単純な思想を求めに行くのである。

レオナルド・ダ・ヴィンチのこの美学とラヴェッソン氏が解釈するようなアリストテレスの形而上学と

の間にある類似にはまことに驚かずにはいられない。ラヴェッソン氏が、事物についてその物質的なメカニスムしか見なかった物理学者たちや、実在というものを一般的な類型の中に吸収させてしまったプラトン主義者たちにアリストテレスを対立させるとき、また彼がアリストテレスを、個物の根底に、精神の直観によって、個物を生気づける特徴的な思想をたずねた巨匠としてわれわれに示すとき、彼はアリストテレス主義を、レオナルド・ダ・ヴィンチが構想して実践する芸術、つまりモデルの物質的な輪郭を強調せず、またある抽象的な理想のために輪郭をぼかすこともせずに、これらをただ潜在的な思想と生産的な魂の周囲に集中させる芸術、の哲学そのものにしているのではないだろうか。芸術とは比喩的な形而上学(métaphysique figurée〔具象的形而上学〕)であり、形而上学とは芸術に対する反省であって、深遠な哲学者と偉大な芸術家を形成するのは、違ったふうに活用されてはいるが同一の直観である、というこの思想からラヴェッソン氏の全哲学が出て来ているのである。

(『ベルグソン全集七』矢内原伊作訳、白水社、一九六五年、一九四〜一九六頁)

ベルクソン(Henri Bergson, 1859-1941)はフランスの哲学者。高等師範学校を出た後、コレージュ・ド・フランス教授。カント的な、あるいは近代科学に特徴的な、外側から分析的に対象を捉えようとする方法に対して、直観によって対象の内側そのものに迫ろうとする方法を唱え、二〇世紀の哲学に大きな影響を与えた。その国際的名声によって、第一次世界大戦の折にはアメリカへの特使を務め、後にも国際連盟の委員会などで活躍。一九二八年にノーベル文学賞受賞。主著に、『意識に直接与えられたものへの試論』、『物質と記憶』、『創造的進化』、『道徳と宗教の二源泉』、論文集に『精神エネルギー』、『思想と動くもの』。

ラヴェッソン (Felix Ravaisson-Mollien, 1813-1900) は、現在はベルギーに属するナミュールに生まれ、パリのソルボンヌに学ぶ。一八三七年教授資格を首席で獲得するも、生涯教授活動に携わることなく、内閣秘書官、図書館総監督官、高等教育督学官などを歴任。一八八一年に道徳政治学アカデミー会員に選出される。この後任がベルクソンであり、先に引用したテキストはこれにまつわる。後任者であるベルクソンが前任者ラヴェッソンを称えてアカデミーで朗読したものであり、これが後に報告書に掲載され、さらにベルクソンの論文集に収められた。代表的著作に『アリストテレスの形而上学試論』、『習慣論』、『十九世紀フランスの哲学についての報告』、その他芸術論関係として、『ミロのヴィーナス』、『レオナルド・ダ・ヴィンチとデッサンの教育』等。

補注26 《存在》の分裂

『見えるものと見えないもの』から次の一節を引いておく。

もう一度繰り返して言えば、われわれの語っている肉は、物質ではない。それは、見えるものの見る身体への、触れられるものの触れる身体への巻きつきなのであり、そうした巻きつきが証拠立てられるのは、特に、身体が物を見つつある自分を見、物に触れつつある自分に触れ、その結果、身体が、触れられるものとしては物の間に降りていくが、それと同時に触れるものとしてはすべての物を支配し、おのれの塊の裂開ないし分裂によって、おのれ自身から両者のこの関係を、さらにはこの二重の関係を引き出してくるときである。もろもろの見えるものがそれら見えるもののうちの一つの周りにこのように集められること、身体という塊が物に向かって炸裂すること――これこそ、私の肌の振動がなめらかなものになったりザラしたものになったりすることや、私が物そのものの動きや輪郭を眼で追うことを可能にしてくれるものなのだが――、こうした魔術的関係、私が物に私の身体を貸し与え、そして物が私の身体におのれの似姿を刻みこみ私にその似姿を与えるという、物と私との間のこの契約、この折れ重なり、私の視覚という見えるものの中心にあるこの空洞、見るものと見えるもの、触れるものと触れられるものとが互いに鏡のように映し合うこの二系列、こうしたものが、私の当てにしうる緊密に結ばれた一つの系をなしているのであり、視覚一般と可視性の或る恒常的スタイルの定義をなしているのだ。

(『見えるものと見えないもの』滝浦静雄、木田元訳、みすず書房、一九八九年、二〇二~二〇三頁)

補注27　あらゆる視覚は神のうちでなされる

マルブランシュによれば、「心が認知するすべてのものには二種類ある。それが心の内にあるか、外にあるかである。」（『真理の探究』第三巻第二部第一章、山田弘明『真理の形而上学』世界思想社、二〇〇一年、二五三頁）心の内にあるものとは、「心に固有の思考、つまりそのさまざまな変様のすべて」（同所）であり、それは直接に認知される。これに対して、心の外にあるものは、心が身体を抜け出ていわば対象のところまで散歩しに行くのでないかぎり、観念を介して認知するしかない。「物質的事物が、心がそれを認知するために必要な仕方でわれわれの心に結びつくことは、たしかにありえないのである。なぜなら、物質的事物は延長であるが心は延長ではないのだから、両者の間にはまったく関係がないからである。」（同二五四頁）ディレンマの要因は、したがって、まさに心身二元論にある。デカルトは精神と物体を峻別した。精神はただ思考するのみであり、広がりをもたない。他方、物体（＝身体）はただ広がりをもつのみで思考しない。それではいったい、どうやって精神は物体を認識できるのか。また、どうやって、物体（＝身体）と結びつくことができるのか。いわばその媒介となるのが「観念 idea」である。観念とは、少なくとももっとも素朴な段階としては、「ものの像 imago」、すなわちイメージと考えてよい（「第三省察」）。しかしもちろん、それは広がりをもったものとしての像ではなく、あくまで精神のうちにあるものとしての、したがって、広がりなき像である。デカルト自身の思考の進展につれて観念という語の使い方にも変化が見られるが、その最終形としては、次の一節を挙げることができよう。

観念(idea)という名称で、私は、何であれ次のような思惟の形相《けいそう》(cogitationis forma)のことを言おうとしている。すなわち、その思惟の形相を直接知覚することによって、まさにその思惟を私が意識(conscius)しているような、そうした思惟の形相のことである。〔…〕したがって、私はただ想像〔=脳内の特定部位の名称〕に描かれた像のことだけを観念と呼んでいるのではない。それどころか、私は、それらの像が身体的想像、すなわち、脳の或る部位に描かれているかぎりにおいてはけっして観念と呼ばないのであって、ただ、それらのイメージが、脳のその部位に向けられた精神自身に形を与えるかぎりにおいてのみ観念と呼ぶのである。

(「省察 第二答弁」『デカルト著作集』第二巻、白水社、二〇〇一年、一九六頁)

すなわち、イメージはあくまで脳という物体のなかにあるのに対して、観念は精神のうちにあるものとして峻別される。

しかし、そうだとすれば、また元の木阿弥ではないだろうか。媒介するはずの観念があくまで精神のうちにしかなく、精神自身の形相、変様でしかないとすれば、その変様は、いったいどのようにして精神の外にある物体を表すことができるのだろうか。観念は、いわば像のもつ魔力のゆえに媒介としての役割を託されたはずなのに、結局その魔力は祓われ、精神と物体をつなぐ橋は崩れ落ちてしまう。橋なきその断崖を渡るには、「神の誠実」を信じて飛び越えるか、あるいは崖を下り心身が合一している地点を探すしかないように思われる。

これに対して、マルブランシュは観念を精神のうちにではなく神のうちにあるものと考える。「観念 idea」とは、まさにその名称が示すように、プラトンのイデアに発する。やがてギリシア哲学とキリスト教が合流し、アウグスティヌス（Aurelius Augustinus, 354-430）において、プラトンのイデアは、万物の創造主たる神のうちにある万物の原型となる。マルブランシュはデカルト主義者であると同時に、オラトリオ会の司祭であり、敬虔なアウグスティヌス主義者でもあった。ある意味で、デカルトが人間の精神のうちに引きずり降ろしてしまった観念を、マルブランシュはもう一度神のうちに引き上げる。デカルトにおいていわば主観化された観念に、もういちど客観性と普遍性を取り戻させる。「万物を神のうちに見る」とマルブランシュは言う。観念がどうして物体を表すのか、それを気遣う必要はもはや私たちにはない。すべての真の原因（実効的原因）は神であり、物体と物体、精神と物体、精神と精神との相互作用と見えるものも、すべてはその実効的原因が働く機会（機会的原因）にすぎない。

実効的原因と機会的原因については、補注10を参照。

補注28　パウル・クレー「自然研究の方法」より抜粋

一八七頁の記述はクレーの「自然研究の方法」にもとづいたものである。前後を含めて少し長く引用しておく。

過去の芸術的信条やそれと関連する自然研究は、現象を、いうなれば、できるだけ精密に研究することにあった。「わたし」と「お前」、芸術家とその対象物は「わたし」と「お前」の間に介在する大気層を通して、物理光学的な方法でもろもろの関係を探し求めた。この方法によって、大気を通してみた対象の外面を捉えたすぐれた絵画が得られた。こうして、光学的視覚の芸術が発達してきた。それに対し、非光学的な印象や心象を観察し、それらを目に見えるようにする芸術はあくまで等閑に付されてきた。

それだからといって、現象に関する探究の成果を過小に評価する必要はない。その成果を敷衍してさえゆけばよい。今日ではこの唯一の方法は、以前の過去の時代には、それが唯一の要求ではなかったにしろ、とにかくわたしたちの全的な要求にもはや合致しないのである。今日の芸術家は精巧なカメラ以上である。より複雑で、より豊かであり、より広い。彼は地球上の生物であり、全体の内部のひとつの生物、いわばもろもろの惑星中のひとつの惑星にいる一生物なのである。

こうして今や徐々に、これは次のような現われ方をしてくる。すなわち、その対象物が動植物であれ、人間であれ、また家や風景の空間内にあるにせよ、世界の空間内にあるにせよ、芸術家の自然対象物の捉え方に全体化の傾向が生じて来、その結果、さしあたりまず対象物自体の空間的な把握が起る。

対象物はその内面に関するわたしたちの知識を通じて、その現象以上のものにひろがる。つまり、物は、その外面が認めさせる以上のものであるということを知ればいい。人間は物を切断して、平らな断面を作ってその内面を見えるようにする。その際、対象物の性格は必要なだけの断面の数や種類によって整理される。これは可視的内面化であって、ある程度はただの鋭利なナイフでできるが、それ以上になると、物質の構造や物質の機能をわれわれにはっきりさせてくれる精巧な機械の力をかりなければならない。

このような経験をつみ重ねると、「わたし」は光学的外面から対象の内面についての推理を引き出すことができるようになる。しかも、直観的に推理できるのである。なぜなら、現象の物理光学的方法によってすでに「わたし」は、感情的な推理に誘発されるからである。感情的な推理は、それぞれがとる方向に応じて、多かれ少なかれ精密に、現象の印象を機能的な内面化に高めることができる。以前、解剖学的なものが今はより多く心理学的なものとなる。

対象物の人間化へ通じる次の方法は、対象を内面化するこの種の直観をさらに一歩出たものである。この人間化の方法は、「わたし」と対象物との間に、あらゆる光学的な基礎を凌駕する交感を生み出す。第一に、「わたし」のなかで下から眼に昇ってくる、根を地上的連帯にもつ非光学的方法があり、第二には、上

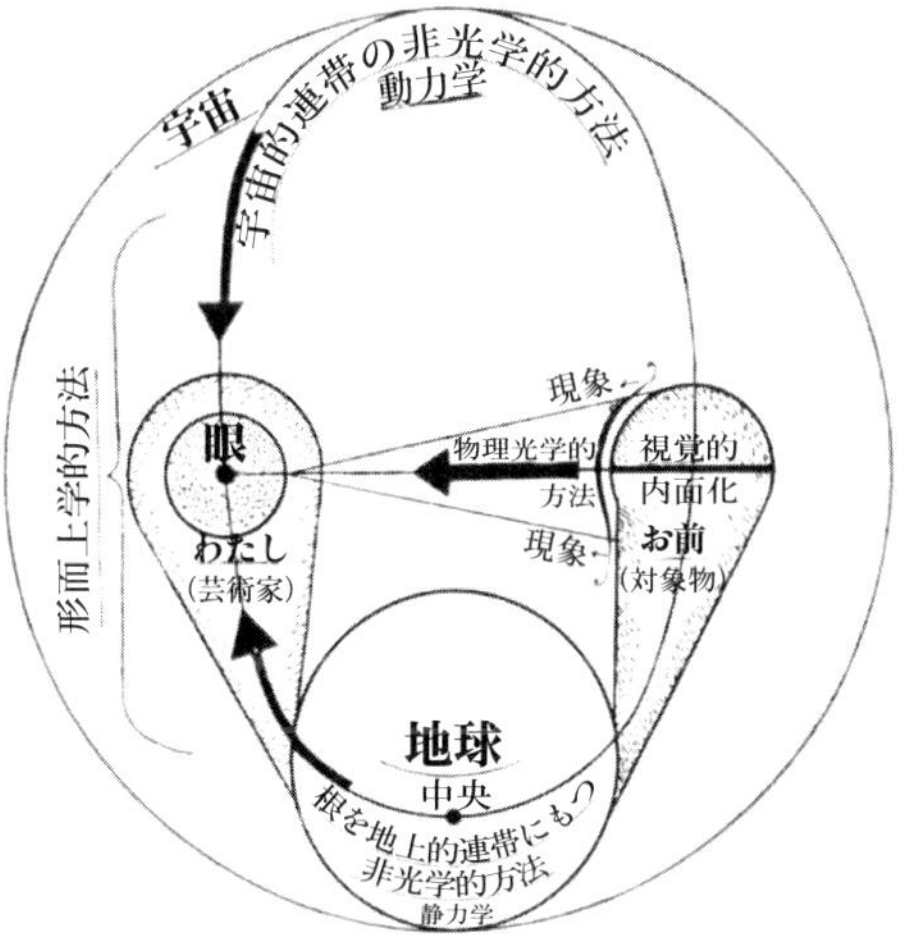

パウル・クレー「自然研究の方法」『造形思考』新潮社、111 頁をもとに作成

から降りてくる宇宙的連帯の非光学的方法がある。形而上学的方法を統合することである。

集中的な研究は体験に通じ、そして、それによって今まで暗示した過程は凝縮され、単純化されることを、この際、強調しておかなければならない。しかし、ここで説明のため、多少なお付け加えておく必要のあるのは、上図のなかの下の方法は静力学的フォルムを生むが、上の方法は動力学的な領域を通ることである。地球の中心に向って吸引される下の方法上には、「倒れようとするあらゆる可能性を克服して立つこと」という言葉によって性格づけられる静力学的平衡の諸問題が横たわっている。地球の拘束力から解き離されたい、泳いだり、飛んだりすることを超えて、自由に飛躍し、自由に動きたいという憧憬は、どうしても上の方法を取らせずにはおかない。

上と下の方法は全部、眼のなかで出会い、その落ち合う点からフォルムに変えられて、外的観察と内的省察の綜合へと導かれる。対象物の光学的な像から全面的に離れはするが、それでいて、全体性の見地からみて、その像に矛盾しない、手によるものが、この落ち合う点から形成される。

自然研究者はさまざまの方法で習得し、作品へと変えられていく体験を通じて、自然の対象物との対話によって到達した段階を越えることを示している。自然を直観し、観察することに長じて、世界観にまで上昇すればするほど、抽象的な形成物を自由に造形できる。こうして、抽象的な形成物は意図された図式的なものを越えて、新しい自然、作品の自然性に到達する。そのとき、彼は一個の作品を創造するか、神の作品の比喩ともいえる作品の創造に関与する。

（「自然研究の方法」『造形思考』上、土方定一他訳、新潮社、一九七三年、一〇八～一一一頁）

補注29　知性的合致

トマス・アクィナスは視覚を例に挙げて次のように語っている。

さて、あらゆる認識は、認識される事物に対する認識する者の同化によって成し遂げられる。したがって、その同化が認識の原因なのである。それはちょうど、視覚が、色の形象に相即することで色を認識するのと同様である。それゆえ、知性に対する存在するものの第一の関係は、存在するものが知性に一致することであり、この一致が、知性と事物との合致と言われる。

(*Quaestiones disputatae de veritate*, q.1a.1co.)

ここに見られるのは明らかにデカルト的なそれではなく、むしろデカルトに批判されていた「志向的形象」(第22段落)に近い。あるいは、むしろ「実効的類似性」そのものであるとさえ言ってよい。同化(assimilatio)とは文字通り似たもの(similis)になることである。ちなみに「シミュラークル」(simulacrum)も、同じく「似ている」(similis)という言葉から成り立ったものである。したがって、対応説といっても、実効的類似に基づくものもあれば、デカルトのようにあくまで思考の働きによるものもあり、単純に一括りにはできない。

補注30　ラミエル

ここで興味深いのは、スタンダールが残した創作メモにあるラミエルの人物像である。

意気地なさにたいするはげしい嫌悪がアミエル〔ラミエル〕の性格をつくる。背が高く、姿がよく、肌がきれいで、すこしばかり痩せていて、ひじょうに美しく、田舎の金持のブルジョア娘のように身なりのいいアミエルは、街のなかはひじょうに早く歩き、小川はとびこえ、歩道の上では跳びはねる。その多くの無作法の動機は、自分の行くところあるいは自分の行き着きたいと思っているところのことを考えすぎ、自分を見ている人たちのことをそんなに考えないことだ。彼女は衣装のほこりよけに、自分の部屋に置く胡桃《くるみ》材の箪笥を買うことにかんしても、自分の全生涯に影響をおよぼすかもしれない事件にかんしても同じ情熱（あるいはそれ以上の情熱）をもっている。というのは、彼女が物事に注意をはらい、それを大切にするのは、気まぐれやむら気からで、なんの理由もないことだから。

（『スタンダール全集』第六巻、桑原武夫他訳、人文書院、一九七七年、四八四〜四八五頁）

まさにⅠ節で語られていた「科学」の姿を彷彿とさせる記述ではないだろうか。

訳者あとがき

この訳書は、武蔵野美術大学の学生たちとの課外勉強会のなかから生まれた。

何人かの学生たちが哲学の本を一緒に読みましょうと言うので、最初はデカルトやカントの書いたものを翻訳で少しずつ読みはじめたが、そのうち次は何を読もうかという段になって、なぜだかは忘れたが、メルロ＝ポンティの『眼と精神』を英訳で読もうということになった。せっかくだから英語の勉強も兼ねて、ということもあったのかもしれないし、日本語訳だけで読むよりも、英語訳もあわせて読んだ方が理解が深まる、ということだったのかもしれない。もちろん原文はフランス語だから、ついでにフランス語の勉強もはじめてみたらと誘いもしたが、テキストを読めるまでの道程を考えると諦めざるをえなかった。

さて、そうやっていざ英語で読みはじめてはみたものの、まあ、これが、大変なこと。はじめは日本語訳があるのだから、それを参照すればなんとかなるだろうと思っていたが、学生諸君曰く、その日本語訳が分からない。ところによっては、英訳よりももっと分からない。日本語として分かったところで、いったい何を言っているのか、その内容が分からない……。

こちらはフランス語の原文と照らし合わせながら日本語訳と英訳を見ているものだから、なるほどここをこう訳してあるのかと一応の納得はいくものの、だんだんと英訳にも日本語訳にも疑問が沸いてくる。それを原文の分からない学生たちになんとか説明しようとしているうちに半年も過ぎただろうか。分かった、もういい、僕がぜんぶ訳し直そう。で、ついでに本にして出してしまおう。だから君らが分からないところはじゃんじゃん言いなさい、徹底的に注をつけて、もうとにかく、これでもかと言うくらい分かりやすい本にしよう、ということになった。

結果、それが本書である。あらかじめ謝っておくが、最初に高言したほど分かりやすい訳にはできなかった。言い訳は山のようにあるが、やめておく（と言いながら、「訳者まえがき」では少ししておいた）。そのときは、ちょうどムサビに勤めはじめて二〇年になる年で、勤続二〇年以上だと、出版助成がもらえることになっていた。それを使えば武蔵野美術大学出版局が引き受けてくれるだろう、それで、うちの出版局だから、きっと多少のわがままは聞いてくれるだろうし、なにより図版をたっぷり入れられるだろう。

出版局に持ちかけたら快諾を得た。編集の木村公子さんも往年のムサビ生で、かつて自分も翻訳で読んだけれどちっとも分からなかった、そうした訳は是非必要だ、と言ってくれた。途中、独占翻訳権をもっているみすず書房や版元のガリマールとのやりとりで時間がかかったものの、なんとか翻訳出版の日処がたった。ちょうどそのとき、それまで慣例的に行われていた出版助成の整備化の話が大学で持ち上がって、それとの絡みで当初の計画よりも一年延びることになってしまったが、無事、出版助成規則第一号としてこうして出版できる運びとなった。記して大学に感謝申し上げたい。

「訳者まえがき」と「序文」と「本文」と「脚注」と「補注」と「図版」という結構複雑な格好の作りで、編集の木村さんにはかなりご面倒をおかけした。また、みすず書房さんには、独占翻訳権にもかかわらず、新たな翻訳が出ることでメルロ＝ポンティに関心をもってくれる人が増えることは喜ばしいことだからと、今回の出版を快く認めていただいた。ありがとうございます。

最後に、誰よりも、この翻訳の生みの親たる学生諸君にお礼の言葉を述べておきたい。みんなもう卒業してしまったが、油絵学科の天重誠二くん、宮下さゆりさん、竹畠薫さん、大坪逸貴くん、彫刻学科の関貴尚くん、視覚伝達デザイン学科の野澤光くん、多少ともこの翻訳が正確で読みやすいものとなっていたとすれば、それは君たちのおかげです。テキストを読むよりも、余談や雑談の方によほど熱がこもっていたようにも思うが、とにかく、ありがとう。

モーリス・メルロ＝ポンティ（Maurice Merleau-Ponty）

一九〇八年三月一四日―一九六一年五月三日。フランス南西部の大西洋に面したロシュフォール・シュル・メールに生まれる。若くして父を失い、母と兄妹と親密な家庭環境の中で育つ。後に一家はパリに転居。いくつかの高等中学校（リセ）を経て、一九二六年、フランスのエリート養成機関である高等師範学校に入学。そこでサルトル、ボーヴォワール、ポール・ニザン、レイモン・アロン、レヴィ＝ストロースなど、後に二〇世紀前半の思想界を担っていく俊英たちと知り合う。一九三〇年、大学教授資格試験に合格。高等中学校、高等師範学校の教師を経た後、ナチ占領下でレジスタンス運動に参加。一九四二年に『行動の構造』、一九四五年に『知覚の現象学』を発表し、両著によって博士号を取得。サルトル等とともに共産主義を基調とした雑誌『レ・タン・モデルヌ』を創刊するが、米ソ冷戦の激化、朝鮮戦争勃発等を機にサルトルと袂を分かち、『レ・タン・モデルヌ』を離れる。この間、リヨン大学、パリ大学教授等を歴任。一九五三年、コレージュ・ド・フランス教授に就任。一九六一年、心臓発作にて急逝。上記著作の他、『意味と無意味』、『ヒューマニズムとテロル』、『弁証法の冒険』、『シーニュ』、未完の著作に『世界の散文』、『見えるものと見えないもの』等。

富松保文（とみまつ・やすふみ）

一九六〇年徳島市生まれ。北海道大学大学院文学研究科博士後期課程中退、北海道大学文学部助手を経て、一九九二年、武蔵野美術大学造形学部専任講師。二〇〇二年より同教授。著訳書に『アウグスティヌス―〈私〉のはじまり』（日本放送出版協会、二〇〇三年）、『アリストテレス　はじめての形而上学』（ＮＨＫ出版、二〇一二年）、ナヴィア『哲学の冒険』（武蔵野美術大学出版局、二〇〇二年）、パノフスキー『イデア』（共訳、平凡社、二〇〇四年）等。

メルロ＝ポンティ『眼と精神』を読む

二〇一五年三月三一日　初版第一刷発行
二〇二四年二月　一　日　初版第三刷発行

著者　モーリス・メルロ＝ポンティ
訳・注　富松保文
発行者　長澤忠徳
発行所　武蔵野美術大学出版局
〒一八〇―八五六六
東京都武蔵野市吉祥寺東町三―三―七
電話　〇四二二―二三―〇八一〇（営業）
〇四二二―二二―八五八〇（編集）

印刷　図書印刷株式会社

定価はカバーに表記してあります
乱丁・落丁本はお取り替えいたします

ISBN978-4-86463-020-7 C3010　Printed in Japan